CHANTS
PATRIOTIQUES
ET
ROMANCES

PAR

ADOLPHE GÉRARD,

MUSIQUE DE MARIUS BONFILS.

PARIS,

GAUMON, LIBRAIRE,

QUAI MALAQUAIS, 15.

1849.

CHANTS PATRIOTIQUES

ET ROMANCES.

CHANTS PATRIOTIQUES

ET

ROMANCES

PAR

ADOLPHE GÉRARD,

MUSIQUE DE MARIUS BONFILS.

PARIS,

CAUMON, LIBRAIRE,

QUAI MALAQUAIS, 15.

—

1849.

Marseille. — Imp. Association d'Ouvriers , Canebière , 42.

PRÉFACE.

Il arriva qu'un soir l'auteur de ce livre vint me demander une préface.

— Mais, mon cher, lui répondis-je, savez-vous à qui vous vous adressez et y avez-vous réfléchi ?

— Sans doute.

— Allons donc ! votre plaisanterie est de mauvais goût, et d'ailleurs depuis quand accroche-t-on des lanternes sourdes au frontispice du temple des Muses?

— Trêve de phrases banales, s'il vous plaît ; laissez là l'encensoir et prenez la plume.

— Croyez-moi, renoncez à votre idée.

— Du tout ; j'y tiens sérieusement.

— C'est de l'originalité.

— Soit.

— Vos chansons n'ont pas besoin de cicérone

et mon nom serait le seul hiéroglyphe dont le lecteur aurait à vous demander l'explication......

Allons, ne vous fâchez pas, vous aurez votre préface, je vous en donne ma parole de démocrate ; et, dût le bon public l'avaler avec force grimaces, comme la *réaction* avale la République, mon amour-propre abdique en faveur de l'amitié.

En route donc, qui m'aime me suive.

D'abord qu'est-ce que le citoyen A. Gérard est-ce un philosophe, un savant, un utopiste, un matérialiste, etc, etc. ?

— Rien de tout cela. C'est un républicain qui croit d'après son cœur et qui écrit naïvement d'après ses croyances.

Elève du malheur, il a pris, de bonne heure, l'habitude de la réflexion. Sa muse, comme il le dit lui-même, naquit de celle de Béranger. Du modèle à la copie, il y a loin, sans doute. A Dieu ne plaise qu'on lui prête ici la ridicule ambition d'aspirer à autre rôle qu'à celui d'imitateur ! Mais nous le disons, nous, le jeune Poète a devant lui l'avenir et la société.

La société, immense repertoire !

Si notre ami Gérard m'avait laissé mes coudées franches, je me serais fait un devoir de vous initier à plusieurs particularités intéressantes de sa vie ; mais je respecte trop son désir pour m'écarter du cercle étroit qu'il m'a tracé.

J'ajouterai simplement que la plus grande partie de ces vers n'ont pas été faits pour la publicité du recueil. Consacrés hebdomadairement à la soif dévorante des jeunes chanteurs démocrates du *café Carnabo*, ils ont dû glisser vite de la plume de notre poète ; c'est ce qui expliquera quelques légères négligences de forme, que l'auteur n'a pas cru devoir corriger, pour que ses couplets conservassent l'originalité de leur caractère primitif.

Mais si on remarque quelquefois la désinvolture du langage, on verra bien plus souvent percer le poète, obligé de s'adresser à une nombreuse réunion populaire, avide tout à la fois d'aspirations républicaines et de charges moqueuses ou comiques.

Ici j'arrive naturellement à parler de l'auteur de la musique, qui n'a pas peu contribué à faire de ce recueil la plus charmante nouveauté.

Les Romains d'autrefois allaient chercher leurs dictateurs à la charrue. C'est à la porte d'une fabrique de cire de Saint-Maximin que le Poète alla frapper et trouva son Orphée.

L'intimité se noue rapidement, deux âmes se comprennent dans un regard.

Marius Bonfils, notre ami de longue date, n'avait jamais écrit une mélodie, et cependant il accepta sans hésiter son patriotique noviciat.

Merci à lui pour le présent et espoir pour l'avenir !

Pour que ma tâche soit accomplie, il me reste à mettre au jour quelques éclaircissements qui me semblent de nature à ajouter de l'intérêt à cette publication.

Les démocrates de S'-Maximin, dont le nombre, Dieu merci, augmente tous les jours, ont coutume de sanctifier le dimanche par une cérémonie chantante, à laquelle préside l'union la plus inoffensive. Pourtant, ces soirées ont paru de mauvais goût à MM. les réactionnaires qui ont en main le compas du pouvoir.

Saisissant avidement l'occasion de faire acte de leur importance, ils se mirent en frais d'opposition et de tracasseries de toute espèce. Mais nos chanteurs, peu alléchés par le doucereux langage de l'arbitraire, firent la sourde oreille, et n'ouvrirent que plus larges gosiers.

Malheureusement les munitions de chant allaient s'épuisant, et l'ennui menaçait de s'engendrer de la monotonie.

Ce fut alors qu'un d'entr'eux se hasarda de mêler ses poésies aux immortels chants de Rouget de l'Isle et de Chénier, et chacun d'accueillir avec enthousiasme cette nouvelle muse démocratique et populaire.

La chanson intitulée le *Café Carnabo*, fut reçue par un tonnerre d'applaudissements. Ce café n'est autre que le temple où nos fidèles s'assemblent pour offrir leurs pieuses invocations au Dieu de la République. Lisez-la, et vous avouerez que la querelle à laquelle elle servit de prétexte à dame Police, a bien quelques rapports avec la fable du Loup et de l'Agneau ; mais, fort heureusement, le siècle a marché depuis l'époque où le bon Lafontaine écrivait, et les agneaux ont beaucoup perdu de leur bénigne soumission; si bien que ceux-ci continuèrent à brouter le serpolet de la *montagne* et envoyèrent paître les loups dans leurs bois.

L'interdit fut jeté néanmoins sur cette chanson. Il fallait en rire : il est de ces chose dont le mépris ne se traduit bien que par un sourire.

Un nouvel impôt fut prélevé sur notre chansonnier, et nous y gagnâmes une fort gaie pa-
rodie : le *Café Filature*, puis *Angélique*, la
Chasse aux loups, *Adieu*, etc.

Et ces messieurs, dit-on,

> . . . . honteux et confus,
> Jurèrent, un peu tard, qu'ils n'y reviendraient plus.

Mais voyez : il ne faut jamais jurer. La nature est plus forte que la volonté, et Boileau
nous a dit :

> Chassez le naturel, il revient au galop.

Qu'advint-il du serment réactionnaire ? Il
fut foulé au pieds ; car, à l'heure où j'écris ces
lignes, nos amis A. Gérard, Marius Bonfils, et
cinq à six autres, m'apportent une citation par
huissier qui les invite à se voir condamnés (ou
absous) devant le tribunal de police.

Amis lecteurs, calmez vos alarmes, leur cause
est sainte et bonne ; elle triomphera comme doit
triompher un jour la cause du peuple, que nous
servirons jusqu'à la dernière goutte de notre
sang !

Courage donc et persévérance, cher poète !
Vous avez déjà fait une action méritoire dont la

démocratie saura vous tenir compte; car, depuis que l'illustre Béranger ne chante plus, le peuple avait besoin que de nouvelles cordes vinssent toucher sa fibre patriotique. Plusieurs l'ont essayé avec succès sans doute, mais les transports unanimes qui ont salué ici les prémices de votre muse montagnarde, nous donnent l'espoir que vous êtes véritablement appelé à couronner cette grande œuvre démocratique.

Maintenant j'ai tout dit. Puissé-je avoir bien rempli ma tâche! Si les vers et la musique qui vont succéder à ma préface, trouvent, comme je l'espère, un écho puissant dans la France républicaine, j'aurai du moins le mérite d'avoir été la muse d'antichambre du salon des muses populaires et patriotiques.

Sur ce, salut et fraternité.

J.-B. GIRAUD.

Saint-Maximin, le 24 Septembre 1849.

CHANTS PATRIOTIQUES

ET ROMANCES.

~◦❧◦~

SIMPLES PAROLES AU PEUPLE.

Peuple, il est temps enfin que la clarté se fasse,
Et qu'autour de nos rangs la sombre nuit s'efface.
Par des rêves d'enfant qu'on ne nous berce plus !
Les jours de la souffrance, hommes, sont révolus.
Il faut combattre encor; mais cette fois courage !
Notre arc-en-ciel connu brille au sein de l'orage.
Qu'attendiez-vous pour naître à la prospérité?
Un mot jusqu'à ce jour flétri : la Liberté !
Maintenant c'est un monde issu de notre glaive;
Saluons le soleil du grand jour qui se lève,
Et jurons, si l'enfer nous rendait un Tarquin,
D'arroser de son sang l'autel républicain.

Mais paix à votre espoir, ces jours sont loin sans doute,
Et ce n'est point, amis, ce que mon cœur redoute ;
Car j'ai foi dans vos bras, dans votre amour puissant,
Et je sens que mon âme en la vôtre descend.
Oui, j'espère avec vous : — et parfois il m'arrive,
Lorsque je laisse aller mon aile à la dérive,
De me croire au sommet de ce libre horizon,
Oiseau captif qui rêve un lac dans sa prison.
Oh ! si vous aviez vu, mes frères, sous vos larmes,
Les riantes couleurs de ce ciel sans alarmes ;
Comme tout chante, là, comme tout y fleurit ;
Comme la famille aime un Dieu qui la nourrit !
On n'y sait point la haine ; on ignore l'envie ;
On fait cercle au foyer de la commune vie ;
L'homme, uni par la main ainsi que par le cœur,
Vit comme vous chantez quand vous chantez en chœur.
Les champs dont les pillards ont pris votre héritage
Sont à vous comme au jour où Dieu fit le partage ;
Les fruits qu'un seul soleil mûrit sous un seul ciel
Calment toutes les faims au banquet fraternel.
Le savoir, ce grand mot qu'on vous jette à la face,
Qui pour l'humanité ne fait rien, quoi qu'il fasse,
Devient riche et puissant en déployant aussi
Son aile qu'un tyran retient à sa merci.
Or, mes frères, voyez ce qu'aujourd'hui vous êtes,
Comptez combien d'heureux... comptez combien de têtes.
Et cependant, le ciel est juste, vous dit-on ?
Oui, mes frères, malheur à qui répondrait : Non !
De nos iniquités le ciel est-il complice ?
M'a-t-il dit : « Sois esclave, et porte le cilice ;
« Accepte la famine, et renonce à tes droits ;
« Mets des fers à tes pieds, de l'or au front des rois ;

« L'hiver, au seuil glacé des palais pleins de flammes,
« Attends de la pitié le dû que tu réclames,
« Quand tu pourrais, trouvant tes pareils par milliers,
« Qui, comme toi, pieds nus, couchent dans les halliers,
« De ton spectre vengeur troubler leurs longues fêtes
« Et leur faire des nuits comme ils te les ont faites?»
Mes frères, Dieu nous parle ainsi qu'il parle aux cieux.
Dans les astres voyez quel ordre harmonieux !
Que ces étoiles soient notre exemple. Comme elles
Nos âmes ici-bas sont toutes sœurs jumelles :
La nature, les fleurs, tout prêche l'union ;
L'homme seul voudrait-il subir l'oppression ?
Soyons républicains jusqu'à l'heure dernière ;
D'un pôle à l'autre, amis, portons notre bannière :
Et je prédis — à ceux que la mort frappe — honneur !
A ceux qui resteront — avenir et bonheur !

A BÉRANGER.

Citoyen-dieu, je m'enviens sans façons,
Un livre en main, heurter à votre porte.
Si bon vous semble, ouvrez à mes chansons.
Pour que le diable au moins ne les emporte.
Dans votre Olympe on est si bien venu,
Qu'hormis les rois, dit la clameur publique,
Chacun à l'aise y peut entrer pied nu,
Même un cosaque, au mot de République.

Je suis Français, et j'abhorre les rois.
Sous vos autels j'ai placé mon refuge,
Bien avant l'heure où votre auguste voix,
Au monde entier prédit le grand déluge.
De mon berceau j'entendis vos leçons,
Sonore écho d'un luth évangelique :
Mon âme un jour naquit de ces doux sons
Et pour marraine elle eut la République.

Si bien souvent l'horizon moins serein
De son beau songe attriste les images,
C'est qu'ici-bas elle cherche un parrain
Qui de son sort dissipe les nuages.
Où peut mener la folle ambition !...
Rêver la gloire, aisément je l'explique ;
Mais du soleil vouloir être un rayon,
O Béranger, c'est trop de République !

En vous lisant, je fus tenté vingt fois
De tout briser, mon extase et ma lyre ;
Vingt fois, hélas ! sous mes débiles doigts
Ressuscita l'harmonieux délire.
Serait-il vrai que Dieu m'eût confié
Dans ce bas monde un rôle apostolique ?
Par vous, son Christ, serais-je convié
Au saint banquet de notre République ?

A ce propos, ô prophète sacré,
Daignerez-vous ouvrir vos tabernacles ?
Quoiqu'il arrive, il faut, bon gré, mal gré,
Subir la loi qui sort de vos oracles.

Le cœur ému par un respect profond ,
Dans mon désert j'attends votre réplique...
Ma plume tombe... et, les yeux au plafond ,
Je reste court... Salut et République!

LE CHANSONNIER.

—

AUX DÉMOCRATES DE SAINT-MAXIMIN.

Autour de moi j'entends beaucoup médire ,
Conjecturer de tort et de travers ;
Je ris de tout et je les laisse dire
En caressant la muse de mes vers.
J'ouvre parfois l'oreille à la critique :
Elle a son droit que je ne puis nier ;
Mais un flatteur n'eut jamais ma pratique,
Et je ne suis pourtant qu'un chansonnier.

Républicains, dont l'amitié m'honore ,
Cœurs francs et purs qui m'ouvrîtes vos rangs,
Si de mon luth quelque note sonore
S'est échappée, à vous seuls je m'en prends.
Ardent foyer dont je suis l'étincelle,
Du moindre éclat aurais-je pu briller

2

Si votre amour n'eût secondé mon zèle ?
Et je ne suis pourtant qu'un chansonnier.

La dette est grande et le bienfait insigne ;
Pour m'acquitter je suis bien pauvre, hélas !
A vous devoir longtemps je me résigne ;
Plaignez-moi tous, mais ne m'en veuillez pas.
Dans ma détresse un seul don m'est possible :
C'est le portrait de votre créancier.
En attendant qu'il devienne éligible,
Contentez-vous d'un pauvre chansonnier.

Sans m'en douter, un soir je vins au monde
Dans un pays où le champagne est roi.
Dame ma mère avait l'humeur féconde,
Si bien qu'un frère advint l'heure après moi.
Mon père alors sur les champs de batailles
Gagnait la croix et le rang d'officier.
Son retour fut un jour de funérailles,
Il n'embrassa qu'un futur chansonnier.

.   .   .   .

.   .   .   .

Celui qui m'a fait don de l'existence
Sur un écueil en fuyant m'a jeté.
Seul au désert j'ai langui dans l'attente,
L'œil vers le Dieu d'où descend la clarté.
Courage ! espoir ! quelques brumes encore
Voilent nos cieux, qui vont se débrouiller.
En attendant qu'il plaise au jour d'éclore,
Chante tout bas, fidèle chansonnier.

Sur vos chemins parfois il vous arrive
De rencontrer des malheureux errants
Qui vont sans but poussés à la dérive,
Oiseaux sans nids, orphelins sans parents.
Vous les plaignez, et moi je les envie!
De la famille ignorant le foyer,
Au hasard seul que ne dois-je la vie!
Serais-je moins qu'un pauvre chansonnier ?

LA VOIX DE DIEU. *

—

A LAMENNAIS.

Bien triste, hélas! est le temps où nous sommes!
Chacun le dit : la faute est à chacun ;
Dieu nous répond : « Je fis libres les hommes ;
« Rompez vos fers et ne soyez plus qu'un.
« La République émane de ma source ;
« Sous mon regard elle guide vos pas ;
« La royauté vous demande la bourse ;
« Or, choisissez ; mais ne vous plaignez pas.

« Du droit sentier si l'un de vous s'écarte,
« Il est toujours à temps d'y revenir :
« La raison sert de boussole et de carte ,
« Et le passé démontre l'avenir.

* Voir, pour la musique , à la fin de l'ouvrage, n. 1

« Souvenez-vous, hommes, tant que vous êtes,
« Quel roi jamais eut pour sceptre un compas !
« La République égalise les têtes ;
« Prononcez-vous, mais ne vous plaignez pas.

« Lisez aux cieux : là votre loi s'explique ;
« Voyez, le soir, ces astres rayonnants,
« C'est la famille unie en République ;
« Unissez-vous comme les éléments !
« Comme les fleurs, les oiseaux, doux symboles,
« Mêlez vos cœurs, entrelacez vos bras ;
« Du sang les rois tirent leurs paraboles,
« Reniez-les, ou ne vous plaignez pas.

« Si la fauvette, imitant vos discordes,
« Au nid voisin allait troubler ses sœurs,
« De la nature, harmonieuses cordes,
« Leurs chants si doux égairaient-ils vos cœurs ?
« Si le ruisseau gonflant son onde pure,
« Disait aux prés : j'usurpe vos états !
« L'onde et les fleurs auraient votre murmure ;
« Imitez les ; mais ne vous plaignez pas.

« Entre vous tous, famille d'un seul père,
« En vous créant je fis égales parts,
« Croyez-vous donc, insensés, que la terre,
« Aux jours d'Adam se couvrait de remparts ?
« Donnez-vous tous la main comme des frères,
« Des moissons d'or germeront sous vos pas ;
« Creusez aux rois les sillons funéraires ;
« Partagez donc ; mais ne vous plaignez pas.

« Du malheureux la plainte est un blasphème,
« Quand, lâche agneau, sous l'ongle du lion,
« N'osant combattre, il se livre lui-même ,
« Et vers le sort tend sa rébellion.
« La Liberté n'éclot pas dans les larmes ;
« Séchez vos yeux et raidissez vos bras ;
« L'avenir dort... Au cliquetis des armes,
« Reveillez-le ; mais ne vous plaignez pas.

« Et vous, tyrans, dont l'instinct sanguinaire ,
« Brave et rougit les tables de ma loi,
« Tremblez qu'un hydre, issu de ma colère ;
« Couronne un jour vos fronts pâles d'effroi.
« Le jour approche où je serai seul juge ;
« Où de l'orgueil descendant au trépas,
« Vous crîrez : Grâce !.... Inutile refuge,
« Le peuple et moi nous ne vous plaindrons pas. »

LA LIBERTÉ AU DÉSERT. *

Que parles-tu de France ?
Dans nos déserts je suis bien mieux !
Ton beau ciel d'espérance,
Pauvre esclave de France,
N'a-t-il que des regards joyeux ?
Reste au désert ; on est bien mieux.

* Voir pour la musique , à la fin de l'ouvrage , n. 2

Ils t'ont chassé, dis-tu, de ta patrie,
Ils t'ont jeté sur un navire errant :
Jouet des flots, une vague attendrie,
T'a sur nos bords laissé seul et mourant.
Depuis le jour où tu vins sur nos plages,
As-tu trouvé parmi nous des cœurs froids ?
Notre horizon, nos savanes sauvages,
Tout t'appartient : point de fers, point de rois.

  Que parles-tu de France ?
Dans nos déserts je suis bien mieux !
  Ton beau ciel d'espérance,
  Pauvre esclave de France,
N'a-t-il que des regards joyeux ?
Reste au désert ; on est bien mieux.

Eux, les cruels, ils nous disent barbares,
Parce que l'or ne nous a point domptés !
De notre sang sont-ils donc bien avares,
Quand l'un de nous s'égare en leurs cités ?
Mais qu'un des tiens chassé par la raffale,
Touche, à son tour, nos bords hospitaliers,
Il a son toit, sa natte et sa cavale,
Tant qu'il veut vivre au pays des palmiers.

  Que parles-tu de France ?
Dans nos déserts je suis bien mieux !
  Ton beau ciel d'espérance,
  Pauvre esclave de France,
N'a-t-il que des regards joyeux ?
Reste au désert ; on est bien mieux.

Nos îlots verts, et nos forêts profondes
Offrent, crois-moi, des plaisirs inconnus;
Nous adorons le Dieu de tous les mondes,
Qui fait germer le sol sous nos pieds nus.
Pourquoi nos yeux, vers des rives lointaines,
Chercheraient-ils quelque plus doux pays?
Nous avons l'eau de nos grandes fontaines,
Le pain mûrit dans nos champs de maïs.

    Que parles-tu de France?
Dans nos déserts je suis bien mieux!
    Ton beau ciel d'espérance,
    Pauvre esclave de France,
N'a-t-il que des regards joyeux?
Reste au désert; on est bien mieux.

De sombres murs chez vous bornent l'espace;
Votre soleil n'y brille qu'à regret;
Son doux rayon sur un nuage passe;
Ici l'orage à pour nous plus d'attrait.
Tu t'en souviens, sous nos tentes mobiles,
Au bruit du vent, quel bonheur de dormir!
Plutôt qu'esclave au sein des grandes villes,
Libre au désert, je veux vivre et mourir.

    Que parles-tu de France?
Dans nos déserts je suis bien mieux!
    Ton beau ciel d'espérance,
    Pauvre esclave de France,
N'a-t-il que des regards joyeux?
Reste au désert; on est bien mieux.

LE CAFÉ CARNABO.

—

Air de la *Lorette*.

G ns de campagne,
Dont la montagne
Chauffe le cœur à son soleil si beau ;
Peuple de frères,
Amis sincères,
Assemblez-vous au café Carnabo.

Là vous verrez l'union la plus franche
Régner joyeuse au milieu des chansons ;
Le verre en main, on fête le dimanche
Par de bons mots et d'utiles leçons.
Chacun est maître ;
Là point de traître
Qui sous un masque applaudit lâchement.
A bas la clique !
La République
De tous ses fils a le signalement.

Républicain ainsi que son vieux père,
L'amphitryon de la fraternité

Nous donne à tous un exemple sincère
Que nous suivons à l'unanimité.
     Le drapeau flotte ;
     Vienne un despote ,
Par ses couleurs il sortira d'ici !
     Nous sommes libres ,
     Et sous nos fibres
Coule du sang qui n'a jamais transi

O quel bonheur ! que notre âme est à l'aise ,
Quand le refrain si connu dans nos rangs
Prélude au chant de notre *Marseillaise*
Et de sa foudre écrase les tyrans !
     Alors nous sommes
     Non plus des hommes ,
Mais de vrais dieux , certains d'être vainqueurs.
     Qu'on crie : Aux armes !
     Ivres d'alarmes ,
Nos bras sont là , vaillants comme nos cœurs !

Notre patrie , haletante , éplorée,
Depuis longtemps s'achemine au tombeau.
Par nos chansons pauvre mère adorée,
En attendant que brille un jour plus beau ,
     Nous faisons trève
     Au sombre rêve
Qui fait gémir avec toi tes enfans ;
     Mais prends courage ,
     Après l'orage
Vont reverdir tes lauriers triomphants !

Frère chéri, dont la voix pleine d'âme
De la lionne imite les fureurs,
A tes accents tout un peuple s'enflamme
Et se transforme en lionceaux vengeurs.
    Noble interprète,
    Longtemps répète
Ces cris de haine au bruit de nos bravos!
    Cette bannière
    T'écoute fière,
Et dans ses plis répond par mille échos!

Et toi, Darboust, chanteur infatigable,
Qui tiens nos cœurs à ta voix suspendus,
Lance souvent ta foudre vers le diable,
A qui par toi tous les rois sont vendus.
    Joyeux satire,
    Fais-nous bien rire,
Et moquons-nous du pape et d'Henri-Quint.
    Prions sans cesse,
    Servons la messe,
Mais à l'autel du Dieu républicain.

Il se fait tard, la gaîté nous emporte,
N'oublions pas la consigne, soldats;
Voyez rôder ces ombres à la porte;
Cela veut dire : Il faut chanter plus bas.
    Mille tonnerres!...
    Pardon, mes frères!
Entre nous tous je ne jure jamais;
    Mais la tempête
    Monte à ma tête
Quand j'aperçois... *ces amis de la paix!*

Mais ma fureur tout-à-coup se désarme :
Cet habit-là me suscite un projet :
Si dès ce soir je me faisais gendarme ?
Donnez-moi donc conseil à ce sujet.
   De la loi sainte,
   Dans cette enceinte,
Je reviendrais donner l'enseignement ;
   Et qu'un confrère
   Me fasse taire,

. . . .

Je lui présente un verre poliment.

Oh ! mais le frac ne va pas à ma taille :
Je suis trop mal bâti pour ce métier.
C'est à bras nu que j'aime la bataille,
Et dans vos rangs je reste tout entier.
   Gens de campagne,
   Dont la montagne
Chauffe le cœur à son soleil si beau :
   Peuple de frères,
   Amis sincères,
Assemblez-vous au café Carnabo.

LE VENT DE LA MONTAGNE.

—

Air de *Castilbelza.*

Un chevalier de la cocarde blanche
  Disait de nous :
La neige tombe, et bientôt l'avalanche
  Les noîra tous.
Chantez, dansez; le bon roi Charlemagne
  Prîra pour vous.
Le vent qui souffle à travers la montagne
  Les rendra fous.

C'était alors la fête des barrières,
  Jour glorieux !
Car il pleuvait des balles meurtrières
  A travers cieux;
Et nous chantions : Lâches, que la peur gagne,
  Rois, à genoux !
Le vent qui souffle à travers la montagne
  Vous rendra fous.

Le chevalier qui sonnait la fanfare
  Ne chante plus;
Un boulet vint à lui sans crier : Gare !
  Il est perclus.

Que son patron au diable l'accompagne !
Victoire à nous !
Le vent qui souffle à travers la montagne
Les rendra fous.

De désespoir déjà les blancs rougissent ;
Il est trop tard !
Sots comédiens, vos couleurs se trahissent
Sous votre fard.
Vous allez voir vos châteaux en Espagne
Crouler sur vous.
Le vent qui souffle à travers la montagne
Vous rendra fous.

La monarchie agonise et tend l'aile ;
De profundis.
Elle n'a plus de lait dans sa mamelle
Pour ces maudits
Qui nous gardaient un cercueil dans le bagne,
Et de bons clous.
Le vent qui souffle à travers la montagne
Les rendra fous.

O République, ô mère intarissable·,
Salut à toi !
Notre océan a vomi sur le sable
Son dernier roi.
Leur voix n'a plus d'écho dans la campagne
Que les hiboux.
Vents, redoublez à travers la montagne,
Ils sont tous fous !

CANTIQUE A LA LIBERTÉ.

Air : *Heureux le cœur fidèle.*

—

AUX VIERGES DE NANS.

Vierges de la Patrie,
Entonnez en gaîté,
A l'autel de Marie,
L'hymne à la Liberté.

Heureux le cœur fidèle
Qui sert sous ses drapeaux;
On possède avec elle
Gloire, amour et repos.

Des songes pleins de charmes
La nuit vous berceront,
Versant, au lieu de larmes,
Des fleurs sur votre front.

Heureux le cœur fidèle
Qui sert sous ses drapeaux;
On possède avec elle
Gloire, amour et repos.

L'orphelin des chaumières
Chaque jour s'unira
A vos saintes prières,
Et Dieu vous bénira!

Heureux le cœur fidèle
Qui sert sous ses drapeaux ;
On possède avec elle
Gloire, amour et repos.

Vieillards, veuves et mères,
Espérant à leur tour,
Oublîront leurs misères
A vos doux chants d'amour.

Heureux le cœur fidèle
Qui sert sous ses drapeaux ;
On possède avec elle
Gloire, amour et repos.

Les discordes civiles
Planteront l'olivier ;
Les hameaux et les villes
N'auront plus qu'un foyer.

Heureux le cœur fidèle
Qui sert sous ses drapeaux ;
On possède avec elle
Gloire, amour et repos.

La terre maternelle,
Portant des fruits bénis,
Ouvrira sa mamelle
A tous ses fils unis.

Heureux le cœur fidèle
Qui sert sous ses drapeaux,
On possède avec elle
Gloire, amour et repos.

Voyez sous la charmille
Mille oiseaux s'abriter.
C'est ainsi qu'en famille
Dieu nous dit d'habiter.

Heureux le cœur fidèle
Qui sert sous ses drapeaux;
On possède avec elle
Gloire, amour et repos.

Le jour est près d'éclore;
Peuples, préparez-vous
A saluer l'aurore
Du soleil né pour tous!

Heureux le cœur fi èle
Qui sert sous ses drapeaux;
On possède avec elle
Gloire, amour et repos.

Notre vieux ciel se couvre;
Et dans l'obscurité
Passe un éclair qui rouvre
Le ciel de Liberté!

Heureux le cœur fidèle
Qui sert sous ses drapeaux;
On possède avec elle
Gloire, amour et repos.

ENFANTS D'ADAM. *

Enfants d'Adam, famille désunie,
Qui de la nuit implorez les faux dieux,
Levez vos fronts tout pâles d'insomnie,
Voici le jour ! Ouvrez, ouvrez vos yeux.
Le monde souffre; il s'agite, il se noie;
Mais du vaisseau par la société
Un mât sauvé flotte encore et déploie
Le pavillon de la Fraternité.

Fille du ciel, j'apporte l'espérance
Au naufragé que la vague a rendu ;
Je suis la sœur du dieu de délivrance,
Du Christ mourant pour ceux qui l'ont vendu.
A ses bourreaux la Liberté pardonne
Quand de l'erreur le crime est enfanté;
Mais elle rend couronne pour couronne
Aux Pharisiens de la Fraternité.

L'heure s'avance où l'Océan immonde,
Renouvelant ses flots ensanglantés .

* Voir pour la musique, à la fin de l'ouvrage, n. 3.

Verra surgir l'arche d'un nouveau monde
Sur les débris de vos vaines cités.
Oui, l'heure est proche, et déjà plus d'un tremble
De voir Lazare à sa table invité,
Où tant de gueux que le bon droit rassemble
Rompront le pain de la Fraternité.

Pour célébrer cette commune fête,
Où l'homme et Dieu s'uniront par l'hymen,
Sous un ciel neuf purgé par la tempête,
J'offre un banquet à tout le genre humain.
A mon signal, des quatre points du globe,
Voyez venir les enfants de Noé.
Jusqu'à ces rois que je traîne à ma robe,
Tout se remorque à la Fraternité.

A l'union, peuples, je vous convie,
Le beau soleil peut s'éclipser demain.
Le siècle marche à sa mort; mais la vie
Brille au flambeau qu'a ressaisi ma main.
Il n'est qu'un bien digne de votre gloire :
Servir d'exemple à la postérité.
Du divin temple où siège la Mémoire
Le marchepied c'est la Fraternité.

LES FLEURS PERDUES. *

Ainsi que toi, pauvre petite fleur,
Eclose un soir au fond de la vallée,
Le vent d'exil a bercé ma douleur ;
L'ombre a mûri mon enfance isolée.
Loin des regards j'ai grandi sans amour :
Nul n'eut souci des parfums de mon ame ;
Mon cœur pourtant eût payé de retour
Un tendre aveu par un aveu de flamme.

Ainsi que toi, pauvre petite fleur,
Sous le soleil que le printemps ramène
Mon pâle front eût puisé la chaleur
Et réchauffé ma vie à son haleine.
Mais dans ce monde il est, comme au vallon,
D'arides fleurs, des âmes délaissées,
Qu'entraîne un jour l'orageux aquilon :
Qu'un souffle ami n'a jamais caressées.

Ainsi que toi, pauvre petite fleur,
Au bord du lac où ta tige balance,
Lorsque la lune y répand sa pâleur,
J'aime à fixer l'eau qui dort en silence,

* Voir pour la musique, à la fin de l'ouvrage. n. 4.

J'aime la mousse où, pour bâtir son nid,
Le passereau seul, en rasant la terre,
A détaché quelques brins qu'il unit
Dans un endroit obscur et solitaire.

Ainsi que toi, pauvre petite fleur
Dont nulle main n'a cueilli l'ambroisie,
J'ai sur le sol épanché, pleur par pleur,
Mon pur calice empli de poésie.
Nés tous les deux sur le même chemin,
Nous passerons sans plus de bruit qu'un rêve,
Toi cette nuit, peut-être moi demain,
Toi sous le vent, moi sous trois pieds de grève !

Ainsi que toi, pauvre petite fleur,
Sous un beau ciel au décevant mirage,
Un jour j'ai cru voir refleurir mon cœur :
Mais l'espérance est un éclair d'orage.
Amour et gloire, ineffable rayon
Vers qui mon cœur s'élançait à deux ailes,
Oh! vous étiez, vous, cette vision
Dont j'ai vu poindre et fuir les étincelles.

Ainsi que toi, pauvre petite fleur,
Penchant ma tête avec mélancolie,
Dans le déclin de mes jours sans couleur
Je m'assoupis en oubliant la vie.
L'heure qui tinte au loin pour les heureux
Fait résonner un soupir dans mon âme :
Et je lui dis : « Sonne long-temps pour eux,
Moi je m'en vais à Dieu qui me réclame ! »

LE PEUPLE ET LA ROYAUTÉ.

—

Air de *Maître Corbeau.*

Sur son trône perchée, un jour la Royauté
Contait fleurette au Peuple à propos d'liberté.
Le discours n'était pas un des meilleurs qu'on fît,
Bien qu'en l'esprit d'Guizot il eût été confit,
    A l'air du tra la la la,
    A l'air du tra la la la,
  A l'air du tra deri dera, la la la.

La claque applaudissait comme au p'tit Lazary
Les calembourgs volés dans l'portefeuill' d'Odry;
Mais l'public, embêté par ces tournures-là,
Fit taire les blagueurs, puis à son tour parla
    Sur l'air du tra la la la,
    Sur l'air du tra la la la,
  Sur l'air du tra deri dera, la la la.

Un sans-culotte à jeun se lève et dit : Margot,
Tu crois m'entortiller avec tout ton argot;
V'là trop long-temps qu'ça dure et c'est à nous d'régner.
Pos' ta chique et décarre, ou tu vas t' fair' peigner
    Sur l'air du tra la la la,
    Sur l'air du tra la la la,
  Sur l'air du tra deri dera, la la la.

À ce mot peu flatteur, la Royauté pàlit,
Laisse tomber son sceptre et va se mettre au lit;
Tout Paris aussitôt d'accourir la soigner.
Ça va mieux; mais peut-être il faudra la r'saigner
  Sur l'air du tra la la la,
  Sur l'air du tra la la la,
 Sur l'air du tra deri dera, la la la.

La moral' de ceci vous devez tous la voir :
C'est le loup et l'agneau, le Peuple et le Pouvoir;
Puis la Justice enfin, qui vient peser les droits
Et renverser le tróne usurpé par les rois,
  Sur l'air du tra la la la,
  Sur l'air du tra la la la,
 Sur l'air du tra deri dera, la la la.

ADIEU ! [*]

A MES AMIS.

Qu'on me donne mes hardes,
Mes chansons montagnardes,
Et mon stylet d'airain ;
Le geôlier m'appelle,

---

[*] Voir pour la musique, à la fin de l'ouvrage, n. 5.

C'est l'heure solennelle
Où l'amitié fidèle
Doit se serrer la main.

Adieu ! frères, courage !
Le destin qui m'outrage
Aura bien ses remords ;
Auprès de vous que j'aime,
Vainqueur de l'anathème,
Je reviendrai le même
Pour réveiller les morts.

Dans ma sombre cellule
J'invoquerai l'Hercule
Qui dort sous nos drapeaux :
Au feu qui me consume
J'allumerai ma plume ;
Poudre, lave et bitume
Seront mes oripeaux.

Aux murs, avec mes griffes,
En noirs hiéroglyphes,
Je taillerai des vers.
Rois que l'enfer réclame,
J'inscrirai, par mon âme !
Votre épitaphe infâme
Sur chacun de mes fers !

Qu'on me donne mes hardes,
Mes chansons montagnardes,

Et mon stylet d'airain ;
Le geôlier m'appelle,
C'est l'heure solennelle
Où l'amitié fidèle
Doit se serrer la main.

LE CHOLÉRA. *

Petits enfants, soyez bien sages,
Obéissez à vos mamans ;
Evitez les sombres orages
Qui troublent les gouvernements.
Restez unis, soyez tous frères ;
Point de despotes dans vos rangs !
Je suis terrible en mes colères,
Et sans pitié pour les tyrans.
    Prenez-y garde,
    Prenez-y garde,
Quand l'un d'entre vous bronchera,
    Je vous regarde,
    Je vous regarde.
Enfants, craignez le Choléra.

* Voir pour la musique, à la fin de l'ouvrage. n. 6.

Enfants. si l'aveugle fortune
A votre berceau s'abattit,
Songez que Dieu fit l'infortune
Pour que votre âme y compatit.
Le palais doit à la chaumière
L'or qui vient de son pain volé.
Rendez : c'est la dette première
Qui des cieux vous ferme la clé.
    Prenez-y garde,
    Prenez-y garde,
Quand l'un d'entre vous bronchera,
    Je vous regarde,
    Je vous regarde.
Enfants, craignez le Choléra.

Enfants, ne soyez point complices
Du lâche orgueil de vos parents ;
C'est par leurs vertus ou leurs vices
Que les hommes sont différents.
Pétris avec la même fange,
Vers le même but nous ramons ;
Mais là-haut chaque rôle change,
Et bien des anges sont démons.
    Prenez-y garde,
    Prenez-y garde,
Quand l'un d'entre vous bronchera.
    Je vous regarde,
    Je vous regarde.
Enfants, craignez le Choléra.

Enfants, quelquefois dans vos songes,
Vous avez vu des spectres blancs ;

Puis on vous a dit : c'est mensonges,
Pour calmer vos esprits tremblants.
Non : ces esprits sont des fées
Qui reviennent de chez les morts
Eveiller les voix étouffées
Des consciences sans remords.
    Prenez-y garde,
    Prenez-y garde,
Quand l'un d'entre vous bronchera,
    Je vous regarde,
    Je vous regarde.
Enfants, craignez le Choléra.

Enfants, si vous entendez dire :
« La France meurt : il faut des rois, »
Répondez : « La France est martyre ;
« Nos bras grandissent pour ses droits :
« L'Evangile républicaine
« Fait écho dans nos jeunes cœurs,
« Et crie : A la cité romaine !
« Partez, héroïques vengeurs ! »
    Le ciel vous garde,
    Le ciel vous garde,
Et l'honneur vous ramènera.
    Je vous regarde,
    Je vous regarde.
Enfants, narguez le Choléra.

LES HIRONDELLES *

—

A ***

Fuyez, hirondelles,
Nos bords infidèles ;
Allez chanter ailleurs !
De vos sœurs de France
Gardez souvenance,
Espoir aux jours meilleurs !

Vous reverrez le ciel de la patrie,
Et plus riant et plus pur qu'aujourd'hui ;
Les bois plus verts, la montagne fleurie.
Après l'exil, l'esclavage et l'ennui,
Vous reverrez bientôt peut-être,
Oiseaux charmants, les chastes nids
Où l'amour vous avait fait naître
Pour être heureux, pour être unis.

Fuyez, hirondelles,
Nos bords infidèles ;
Allez chanter ailleurs !
De vos sœurs de France
Gardez souvenance,
Espoir aux jours meilleurs !

* Voir pour la musique à la fin de l'ouvrage, n. 7.

De noirs vautours qui règnent par les serres,
A votre perte en vain sont conjurés;
Ils tomberont du faîte de leurs aires!
Ensemble alors vers nous vous reviendrez :
 Vous reviendrez au ciel de France
 Sur l'aile de la Liberté,
 Ceindre du rameau d'espérance
 L'arche de la Fraternité.

  Fuyez, hirondelles,
  Nos bords infidèles;
  Allez chanter ailleurs!
  De vos sœurs de France
  Gardez souvenance,
  Espoir aux jours meilleurs!

Hélas! tandis que vous fendez la nue,
Le vent m'apporte un son triste et plaintif ..
Volez toujours; c'est la voix si connue
De quelques sœurs, essaim resté captif.
 Malgré les barreaux de leur cage,
 Leur âme libre trouve encor
 Une aile, un chant et du courage
 Pour vous suivre dans votre essor.

  Fuyez, hirondelles,
  Nos bords infidèles;
  Allez chanter ailleurs!
  De vos sœurs de France
  Gardez souvenance,
  Espoir aux jours meilleurs!

LE PROPHÈTE.

—

CANTATE.

Le monde était mourant, quand la voix d'un prophète,
Passant comme un éclair du sein de la tempête,
　　Dit aux hommes : « Réveillez-vous! »
Les révolutions m'ont porté sur leur faîte ;
Et du sublime flot j'ai vu rouler ma tête
　　Sous l'écume des flots jaloux!

Mais l'écho de ma voix, dans la vague profonde
Un moment assoupi, brisa la lame immonde.
　　Comme le Christ ressuscité ;
Et, du stérile bord où le pouvoir m'exile,
Le souffle populaire à mon espoir tranquille
　　Jette un cri de fraternité.

Dieu me dit : « Sois la main qui frappe et qui pardonne ;
« Marche! et si le courage en chemin t'abandonne,
　　« Que la honte soit ton tombeau! »
Le sort a pu me vaincre un jour, mais non m'abattre.
O liberté, j'attends ton signal pour combattre,
　　Mourir ou venger ton drapeau !

PREMIER MONTAGNARD.

Oui, le Dieu qu'il faut croire est le Dieu populaire
Que les Pharisiens dans leur lâche colère
    Ont voulu, mais en vain, ternir!
C'est celui dont l'auguste et puissante parole
Emportait droit au but, comme le trait qui vole,
    Nos cœurs aux champs de l'avenir!

UN SANS-CULOTTE.

C'est le tribun absent, dont nul n'a pris la place,
Notre idole à nous tous l'ignoble populace
    Qu'on repousse du grand soleil;
Nous les hommes de boue, hurlant comme la foudre,
Lançant de vils jurons, du fer et de la poudre
    Lorsqu'on trouble notre sommeil.

SECOND MONTAGNARD.

C'est l'élu de nos cœurs; notre force incarnée,
Le Moïse promis à notre destinée,
    L'âme de tous nos battements.
Sans lui, loin de l'écueil, qui guidera nos voiles
Sous l'horizon de France où brillent tant d'étoiles
    Aux perfides rayonnements?

UN ÉTRANGER.

Ledru-Rollin! quel est ce nom magique
Que tout un peuple évoque avec fierté?
Est-ce un soldat né d'un sang héroïque?
Est-ce le Christ deux fois ressuscité?

PREMIER MONTAGNARD.

C'est une femme à la stature antique
Qui dans ses flancs quarante ans l'a porté;
Sa mère a nom la sainte République,
Et sa devise est : France et Liberté !

CHŒUR.

Honneur à lui ! salut à la Montagne !
Gloire aux enfants qui servent son drapeau !
Que le succès partout les accompagne !
Que les tyrans descendent au tombeau !

UNE FEMME.

Appui des malheureux, ton nom dans la chaumière,
Par nous, par nos enfants,
Est béni chaque jour; et la vallée entière
Le redit en cris triomphants !

PREMIER VIEILLARD.

Le soir dans nos foyers, harassés de fatigue,
Nous contons tes exploits;
Nos fils dressent l'oreille et chacun de nous brigue
L'honneur de commenter tes lois.

LA MÊME FEMME.

En prononçant ton nom, les fruits de nos entrailles
Tressaillent quelquefois dans nos flancs malheureux;
Par la misère, enfants, voués aux funérailles,
Vous vivrez, disons-nous, car tu veilles sur eux.

UNE JEUNE FILLE

Veuves de nos amours avant que d'être épouses,
Parce que les tyrans prenaient nos fiancés,
Le cloître allait glacer dans nos âmes jalouses
Nos longs soupirs vers toi maintenant élancés !
     Comme des fleurs étiolées
     Que réchauffe un rayon du jour,
     Les compagnes de nos vallées
     Par toi vont renaître à l'amour.

LE MÊME VIEILLARD.

Sur le bord de la tombe où chaque pas nous mène,
En pleurant nous jetions des regards désolés,
Car nous allions mourir avec un cri de haine...
De nos enfants captifs tu vins briser la chaîne,
En te les confiant nous mourrons consolés !

UN ENFANT.

Hier on nous disait : Les rois seront vos maîtres ;
Je vous plains, mes enfants, car ils n'ont point de cœur.
Soudain vous paraissez, on met à bas les traîtres
La Fraternité règne, et nous chantons en chœur :

CHŒUR.

    Honneur à lui ! salut à la Montagne !
    Gloire aux enfants qui servent son drapeau !
    Que le succès partout les accompagne !
    Plus de tyrans, ils sont tous au tombeau !

UN MONTAGNARD.

Ledru-Rollin, reviens vers notre France!
   Femmes, vieillards, enfants, nous te pleurons!
Ton absence a pâli notre ciel d'espérance;
Reviens prendre ta place et venger nos affronts!
    Viens rapporter le pain à la chaumière,
    Son dernier rêve au vieillard attristé,
    Au cœur qui doute un rayon de lumière,
      Au monde entier la Liberté!

Et nous, Républicains, ses compagnons fidèles,
Qui servons sa mémoire à l'autel de nos cœurs,
Vers les rives où l'ange a déployé ses ailes
Elevons nos regards, tendons nos bras vengeurs!
Par la Fraternité dont il s'est fait l'apôtre
Jurons qu'avant le jour qui rendra notre Dieu
     Nous n'en adorerons point d'autre.
Jurez-vous?

TOUS EN CHŒUR.

Nous jurons (*bis*) par le fer (*bis*), par le feu (*bis*).

   Honneur à lui! salut à la Montagne!
   Gloire aux enfants qui servent son drapeau!
   Que le succès partout les accompagne!
   Plus de tyrans! ils sont tous au tombeau!

ANGÉLIQUE.

Air de *L'Arbre de la Liberté, de Minaux.*

Viens t'coucher, Angélique,
Pour rêver d'la République.
Nous avons trop chanté
L'arbre de la Liberté.

L'union n'est plus de mode ;
On a proscrit les chansons ,
Et bientôt un nouveau code
Supprimera les boissons.
Gagnons nos lits,
Mes bons amis.

Viens t'coucher, Angélique ,
Pour rêver d'la République.
Nous avons trop chanté
L'arbre de la Liberté.

Sur ce bon limonadier,
Innocent comme un cantique ,
Il va pleuvoir un huissier ;
Son rhum est trop politique.
Gagnons nos lits ,
Mes bons amis.

Viens t'coucher, Angélique,
Pour rêver d'la République.
Nous avons trop chanté
L'arbre de la Liberté.

Puis on fait le diable à quatre
Dans ce vaste estaminet ;
On néglige de se battre ;
Pas un vol ne s'y commet,
    Gagnons nos lits,
    Mes bons amis.

Viens t'coucher, Angélique,
Pour rêver d'la République.
Nous avons trop chanté
L'arbre de la Liberté.

On arbore, quelle audace !
La bannière aux trois couleurs ;
On chante même à sa face
La France et ses défenseurs.
    Gagnons nos lits,
    Mes bons amis.

Viens t'coucher, Angélique,
Pour rêver d'la République.
Nous avons trop chanté
L'arbre de la Liberté.

Vit-on jamais pareil crime ?
Ce scandale cessera !
Car il faut une victime ;

Et pour tous un seul paîra.
        Gagnons nos lits ,
        Mes bons amis.

Viens t'coucher, Angélique,
Pour rêver d'la République.
Nous avons trop chanté
L'arbre de la Liberté.

Pauvres fleurs de la montagne
Que le soleil fait mûrir,
Dans quelque vieux coin du bagne
Allez-vous donc vous flétrir ?
        Gagnons nos lits,
        Mes bons amis.

Viens t'coucher, Angélique,
Pour rêver d'la République.
Nous avons trop chanté
L'arbre de la Liberté.

Hélas ! sous quelles charmilles
Irez-vous, à l'avenir,
Cueillir, brunes jeunes filles ,
Le bouquet du souvenir ?
        Gagnons nos lits,
        Mes bons amis.

Viens t'coucher, Angélique,
Pour rêver d'la République.
Nous avons trop chanté
L'arbre de la Liberté.

La fleur du lys est fanée
Et ne renaîtra jamais.
Il faut donc qu'à l'hyménée
Vous renonciez désormais.

 Gagnons nos lits ,
 Mes bons amis.

Viens t'coucher, Angélique,
Pour rêver d'la République.
Nous avons trop chanté
L'arbre de la Liberté.

Paix ! vos alarmes sont vaines !
Reprenez donc vos chansons ;
Car les fleurs républicaines
Bravent l'ombre des prisons.

 Laissons nos lits ,
 Mes bons amis.

Viens danser Angélique,
Pour fêter la République ,
Et plantons en gaîté
L'arbre de la Liberté.

Quant à nous, mes joyeux frères,
Espérance en l'avenir ;
Narguons au choc de nos verres
Les verroux qui vont s'ouvrir.

 Restons unis,
 Mes bons amis,

Viens danser, Angélique,
Pour fêter la République ,
Et plantons en gaîté
L'arbre de la Liberté.

LE PÊCHEUR D'ÉTRETAT. *

DÉDIÉ A ALPH. KARR.

Piétro, je crois qu'à notre exemple,
Dans notre beau lac d'Etretat,
Les faibles ont fait cause ensemble
Pour consommer un coup d'état.
Les ablettes ont fait divorce
Avec le gros poisson royal.
Pas un petit n'a pris l'amorce,
Et mon filet pèse un quintal.

Comme la brise était fraîche !
Longtemps il m'en souviendra ;
Jamais depuis que je pêche,
Par le saint qui m'inspira,
Je ne vis pareille pêche !
Dieu ! la belle pêche
Que nous fîmes là !
Tra la la ,
Tra la la la la la,
Tra la la, etc.

Vois-tu, c'est que la République
Est la justice du bon Dieu,

* Voir pour la musique, à la fin de l'ouvrage, n. 8

Qui veut que la loi tyrannique
Désormais périsse en tout lieu.
Si chaque peuple de la terre
Comme le poisson calculait,
Oui nous prendrions, je l'espère,
Tous les rois d'un coup de filet.

Comme la brise était fraîche !
Longtemps il m'en souviendra ;
Jamais depuis que je pêche,
Par le saint qui m'inspira,
Je ne vis pareille pêche !
Dieu ! la belle pêche
Que nous fîmes là !
Tra la la,
Tra la la la la la,
Tra la la. etc.

Déja ma ménagère apprête
Uu festin qu'enviraient les Dieux !
S'ils pouvaient descendre à la fête,
Qui d'eux ou de nous rirait mieux ?
J'éprouve une faim formidable,
Et je suis sûr que Lucifer,
Quand on sert un roi sur sa table,
N'a pas mon appétit d'enfer.

Comme la brise était fraîche !
Longtemps il m'en souviendra ;
Jamais depuis que je pêche,
Par le saint qui m'inspira,
Je ne vis pareille pêche !

Dieu ! la belle pêche !
Que nous fîmes là !
Tra la la ,
Tra la la la la la ,
Tra la la, etc.

Piétro , pendons à la muraille
Nos filets oisifs désormais ;
Du plomb faisons de la mitraille ,
Nous ne pêcherons plus jamais ;
Le soleil luit sur les chaumières ,
L'ombre rentre dans les palais ,
Et Dieu nous donne des bannières
Au lieu de voiles et filets.

Comme la brise était fraîche !
Longtemps il m'en souviendra ;
Jamais depuis que je pêche ,
Par le saint qui m'inspira ,
Je ne vis pareille pêche !
Dieu ! la belle pêche
Que nous fîmes là !
Tra la la ,
Tra la la la la la ,
Tra la la, etc.

LE BANNI. *

Sur le lac de Sorrente,
Pêcheur, t'en souvient-il,
Un jour ta barque errante
Me portait dans l'exil;
Ta fille, enfant encore,
Jouait avec les flots,
Et dans l'écho sonore
Tout bas chantait ces mots :

O Madone chérie!
Sois propice au banni;
    Que l'espoir
    Lui sourie
    De revoir
    Sa patrie
Et notre ciel béni !

Loin du beau sol de France
Mon front seul a pâli,
Et malgré la souffrance,
Mon cœur n'a point faibli.
Vers ta sainte famille
J'implorais le retour,

---

* Voir, pour la musique, à la fin de l'ouvrage, n. 9

Et rêvant à ta fille,
Je chantais à mon tour :

O Madone chérie !
Sois propice au banni ;
    Que l'espoir
     Lui sourie
    De revoir
     Sa patrie
Et notre ciel béni !

Son image fidèle
Dix ans nourrit mon cœur ;
Nina doit être belle,
Belle comme une fleur ?...
Mais d'où vient ton alarme ;
Pourquoi baisser les yeux ?...
Je comprends... cette larme
Me dit qu'elle est aux cieux !...

O Madone chérie !
Sois propice au pêcheur ;
    Que l'espoir
     Lui sourie
    De revoir
     La patrie
Où Dieu garde sa fleur !

LA CHASSE AUX LOUPS. *

Le jour ne brille pas encor,
Vaillants chasseurs, partez bien vite.
Entendez-vous le son du cor !
  Il vous invite
A traquer les loups dans leur gîte.
Guerre, guerre à ces ennemis !
Partons, amis ; partons, amis.

Point de quartier ! fouillons ravines,
  Bruyères et taillis ;
Armons fusils et carabines
  Pour la paix du pays.
Purgeons la plaine et la montagne ;
Jusqu'à demain battons campagne,
  Et mettons-les tous,
  Ces hardis filous,
  Sens dessus dessous,
Pour l'honneur de notre montagne.

Le jour ne brille pas encor,
Vaillants chasseurs, partez bien vite.
Entendez-vous le son du cor !
  Il vous invite
A traquer les loups dans leur gîte.
Guerre, guerre à ces ennemis !
Partons, amis ; partons amis.

---

* Voir, pour la musique, à la fin de l'ouvrage, n. 10.

Nos fiers limiers, dans leurs repaires,
  Sauront les défier ;
Rouge et Corail valent bien leurs pères
  Qui savaient leur métier.
Mais pour nous, vrais chasseurs de race,
Quand nous avons l'œil sur la trace,
  La bête, mordieu !
  Peut bien dire adieu,
  Car le coup de feu
Dans nos mains ne fait jamais grâce.

Le jour ne brille pas encor,
Vaillants chasseurs, partez bien vite.
Entendez-vous le son du cor ?
  Il vous invite
A traquer les loups dans leur gîte.
Guerre guerre à ces ennemis !
Partons, amis ; partons, amis.

Dans nos demeures alarmées,
  Sans pitié, chaque jour,
Quelques brebis sont décimées
  Par les loups d'alentour.
Nos enfants, nos filles, nos mères,
Tombent sous leurs dents sanguinaires !
  Vous, leurs défenseurs,
  Au cri de vos sœurs,
  Faites-vous chasseurs
Contre ces hordes meurtrières.

Le jour ne brille pas encor,
Vaillants chasseurs, partez bien vite.

Entendez-vous le son du cor !
        Il vous invite
A traquer les loups dans leur gîte.
Guerre, guerre à ces ennemis!
Partons, amis; partons, amis.

Demain nous chanterons victoire
        En comptant tous les corps ;
Et puis nous ferons — après boire—
        La danse autour des morts·
En avant! partons, camarades,
Prenez chacun vos embuscades :
        Vous, piqueurs, sonnez!
        La meute a bon nez ;
        · Les loups étonnés
Vont crever sous nos fusillades !

Le jour ne brille pas encor,
Vaillants chasseurs, partez bien vite.
Entendez-vous le son du cor!
        Il vous invite
A traquer les loups dans leur gîte.
Guerre, guerre à ces ennemis!
Partons, amis; partons, amis.

LA FIN DU VIEUX MONDE.

—

DÉDICACE A VICTOR CONSIDÉRANT.

—

Air *des Trois Couleurs.*

Un large éclair a déchiré la nue :
Peuples, lisez dans les cieux entr'ouverts.
L'humanité se montre toute nue;
Sa voix prélude; écoutez, univers :
L'homme, englouti dans une nuit profonde,
Jusqu'à ce jour ignora son destin.
Dieu dit enfin : Ecroule-toi, vieux monde,
Et du chaos sors, astre du matin !

De Jéhovah, le sublime prophète,
Fourier naquit comme un simple mortel;
Il a parlé; la lumière s'est faite,
Et dans les cieux Dieu lui dresse un autel.
Sots entêtés, renoncez à la lutte;
N'invoquez plus les bulles du scrutin;
Le vieux géant les roule dans sa chute,
Et du chaos sort l'astre du matin.

Saluez donc votre nouvelle aurore,
L'immensité va vous appartenir;
Le grand travail qui déjà s'élabore
Sème pour tous les champs de l'avenir.

Dans vos cerveaux réveillant le génie ,
Fixez sur lui votre esprit incertain ,
Le bonheur naît des lois de l'Harmonie ,
Et du chaos sort l'astre du matin.

Liberté sainte , exhume de ta cendre
Le vieux drapeau de la création ;
Dans ton cercueil fais enfin redescendre
Tous ces faux christs de l'usurpation !
De la science , à la paix importune ,
D'un souffle éteins le flambeau clandestin ;
La vérité prend siége à la tribune ,
Et du chaos sort l'astre du matin.

Fermez l'oreille à ces voix mensongères
Qui vous diront : Le globe est ainsi fait :
On vous abuse avec le nom de frères ,
Le ciel en rit, le vieux monde est parfait.
Mais écoutez.... Du fond de ses entrailles
La terre exhale un soupir moins lointain !
Prépare-toi , peuple , à ses funérailles ,
Et du chaos sors , astre du matin !

Paix , union , liberté , jouissance ,
Du monde vierge , enfants , voilà les fruits.
Entonnez l'hymne à la reconnaissance ;
Vos chants à Dieu par moi seront conduits.
Et vous, élus , disciples du Prophète, (1)
Porte-flambeaux de tout le genre humain ,
Marchez , marchez , votre oriflamme en tête ,
Guidez-les tous vers l'astre du matin.

(1) Les successeurs de Fourier.

LE PAPE.

—

Air du Bastringue.

Tout bon Français se dit Jésuite,
Et devient buveur d'eau bénite;
Désormais il fera chaque an
Pélerinage au Vatican.
Gloria tibi Domine,
     L'espérance
    Renaît en France.
Gloria tibi, Domine,
Le Pape nous est redonné.

Oui, j'en crois sa foi catholique,
Le dogme de la République
Ne mène à rien moins qu'au péché,
Bien que Jésus-Christ l'ait prêché.
Gloria tibi, Domine,
     L'espérance
    Renaît en France.
Gloria tibi, Domine,
Le Pape nous est redonné.

Soutenons-nous, soyons tous frères,
Il nous le dit, ce roi des pères;

Pour le pauvre soyons humains...
Lui, le premier, nous tend les mains.

Gloria tibi, Domine!
    L'espérance
    Renaît en France.
Gloria tibi, Domine!
Le Pape nous est redonné.

Fuyons les guerres intestines
Dont la gloire nous ceint d'épines :
À son exemple aimons la paix ;
Soyons Romains, il est Français.

Gloria tibi, Domine!
    L'espérance
    Renaît en France.
Gloria tibi, Domine!
Le Pape nous est redonné.

Républicains, qu'on vous rattrape
A nous revoler notre Pape ;
Nous nous ferons en vérité
Hacher comme chair à pâté.

Gloria tibi, Domine!
    L'espérance
    Renaît en France.
Gloria tibi, Domine!
Le Pape nous est redonné.

Il est vrai que le bon cher homme
A l'Espagne, à Naples, à Rome,

5

A la France, coûte un peu cher ;
Mais il nous sauve de l'enfer.

Gloria tibi, Domine !
    L'espérance
     Renaît en France.
Gloria tibi, Domine !
Le Pape nous est redonné.

Nos fils , parlant de notre gloire ,
Diront : En ce jour de victoire
Que d'hommes nous avons perdus ;
Mais combien de péchés rendus !
Gloria tibi, Domine !
    L'espérance
     Renaît en France.
Gloria tibi, Domine !
Le Pape nous est redonné.

Français , rangeons-nous en chapitre ;
Arborons la crosse et la mitre,
Et pour l'amour du bon Pasteur
Faisons-nous tous enfants de chœur.

Gloria tibi, Domine !
    L'espérance
     Renaît en France.
Gloria tibi, Domine !
Le Pape nous est redonné.

Dans les rangs de la République
On meurt en chien, sans viatique ,

Ou l'on revient à sa maison
Sans croix, ni titre, ni blason,
Gloria tibi, Domine!
    L'espérance
    Renaît en France.
Gloria tibi, Domine!
Le Pape nous est redonné.

Mais, au service de la Grace,
Je sais un comte de Pancrace
Qui s'appelait Jeannot tout court
Lorsqu'il partit de son faubourg.
Gloria tibi, Domine!
    L'espérance
    Renaît en France,
Gloria tibi, Domine!
Le Pape nous est redonné.

J'espère, pour mon propre compte,
Devenir un jour plus que comte,
Et gagner dans peu, s'il vous plaît,
·Le marquisat du chapelet.
Gloria tibi, Domine!
    L'espérance
    Renaît en France.
Gloria tibi, Domine!
Le Pape nous est redonné.

Dans l'espoir de la bonne aubaine.
Je vais, en guise de neuvaine,

En vrai Romain mander du rhum
Pour boire au Pape... *et vobiscum.*
Gloria tibi, Domine!
  L'espérance
   Renaît en France.
Gloria tibi, Domine!
Le Pape nous est redonné.

A ton sujet, France prospère,
Je tiens pour sûr que le Saint-Père
Lance des lettres de crédit
Au porte-clés du Paradis.
Gloria tibi, Domine!
  L'espérance
   Renaît en France.
Gloria tibi, Domine!
Le Pape nous est redonné.

Que ce jour soit jour de mémoire
Pour le successeur de Grégoire :
Donnons-nous la main comme au bal
Et faisons complet carnaval.
Gloria tibi, Domine!
  L'espérance
   Renaît en France.
Gloria tibi, Domine!
Le Pape nous est redonné.

FLEUR DU CIEL. *

Fleur du ciel, ô riche étoile,
Qui me fais rêver d'amour,
Quand la lune étend son voile
Sur le pâle front du jour!
Moi, pauvre enfant de la terre
Si ton cœur m'aimait un peu,
Par ton regard qui m'éclaire,
Je serais jaloux de Dieu.

Quand la brise dans la feuille
Fait courir des bruits si doux,
Mon âme en toi se recueille,
Et je te prie à genoux.
Quand j'entends sur la tourelle
Chanter l'oiseau du Seigneur,
Je me dis tout bas : C'est elle
Qui chante ainsi dans mon cœur!

Oh! souvent sur la montagne,
Où je devance le jour,
Ton image m'accompagne,
Ta voix me parle d'amour,
Et vers le ciel, ta patrie,
Il me semble que tous deux
Nous montons, l'âme ravie,
Le sourire dans les yeux!

* Voir pour la musique, à la fin de l'ouvrage, n. 11.

PHILIPPE MENDIANT. *

DÉDIÉ AUX ROIS.

La charité pour un pauvre vieil homme
Qui n'a ni sou ni crédit ici-bas,
Et pas moyen de dormir un bon somme
Pour n'être point témoin de leurs ébats !
Car à Paris, on se tue, on pourchasse
Philippe et clique... Oh! pour ça, rien de mieux ;
Mais à ce jeu j'ai laissé ma besace.
— Dieu vous assiste ! on vous connaît, mon vieux !

Ami Guizot, que dirait la sibylle
Qui nous prédit l'an passé tant de bien,
En nous voyant, moi, tendre la sébile,
Toi le cordeau que tire un pauvre chien ?
Il est bien laid le tour que Dieu nous joue !
Que ne peut-on se venger dans les cieux ?
Mon dernier pain est tombé dans la boue...
— Dieu vous le gratte ; on vous connaît, mon vieux !

Que dites-vous de l'état où nous sommes ?
A le bien prendre on y perd son latin.

* Voir pour la musique, à la fin de l'ouvrage, n. 12.

La République est le salut des hommes ;
C'est mon avis ; je suis républicain.
En attendant que le grand coup se frappe,
Montrons-nous tous miséricordieux.
Un petit sou pour gagner mon étape.
— Dieu vous assiste ! on vous connaît, mon vieux !

J'erre au hasard, cherchant un coin de terre
Où, pauvre diable, on soit le bienvenu.
L'air de la France est pour moi délétère ;
C'est le ciel pur qu'il faut à mon front nu.
Si Dieu soutient mon espérance unique,
Au port bientôt j'aborderai joyeux !
— Dieu vous débarque à l'île britannique.
Pour un bon masque on vous connaît, mon vieux !

Népot sourit, Henri prend ses guenilles,
Et tous les deux, mendiant à leur tour,
Vont sur Paris diriger leurs béquilles.
Pauvres Français, d'ici je vois le tour.
Mais un conseil avant que je ne parte :
Lorsqu'ils viendront vous faire les doux yeux,
Répondez-leur, et sans perdre la carte :
— Dieu vous assiste, on vous connaît, mes vieux !

ÉGLANTINE. *

J'aime une simple fleur
Qui croît sur la colline,
Tout près de ma chaumine
Et tout près de mon cœur :
On la nomme Eglantine,
Moi je lui dis : Ma sœur !

Jamais, non, jamais sur la terre
Trésor d'amour et de bonté.
N'eut la douceur et la beauté
De ma fleur, de ma fleur sauvage et solitaire.

Plus d'un beau chevrier,
L'honneur de la montagne,
Le soir, quand il regagne
A pas lents son foyer,
Rêve pour sa compagne
La fleur de l'églantier.

Jamais, non, jamais sur la terre
Trésor d'amour et de bonté,
N'eut la douceur et la beauté
De ma fleur, de ma fleur sauvage et solitaire.

Mais qu'ils rêvent ma fleur !
Je n'ai de leur tendresse

* Voir pour la musique, à la fin de l'ouvrage. n 13.

Ni souci ni tristesse ,
Quoique pauvre pêcheur;
Car j'ai moi la promesse
D'Eglantine, et son cœur.

Jamais, non , jamais sur la terre
Trésor d'amour et de bonté ,
N'eut la douceur et la beauté
De ma fleur, de ma fleur sauvage et solitaire.

UNE CROIX GAGNÉE. *

—

A ***

Sitôt partir, mon fils, pourquoi
N'attendre pas que ton courage
Grandisse encore auprès de moi ,
Vieillard abattu par l'orage?
Mais tu le veux : adieu! Souviens-toi bien
De ma leçon , peut-être la dernière :
Pour que ton sang reste digne du mien ,
Vis pour la République, et meurs sous sa bannière !

Entends de toutes parts
La trompette d'alarmes ;
O signal plein de charmes !
Dans mes yeux plus de larmes !
Mon cœur bat... prends mes armes ;
Sois vaillant; adieu! pars !
Adieu mes vieilles armes !

★ Voir pour la musique, à la fin de l'ouvrage. n. 14.

La Liberté sur ton berceau
Chanta des airs patriotiques ;
Elle ombragera ton tombeau
Du laurier des vertus antiques.
Seize ans à peine... Eh ! qu'importe ! dis-tu ?
Dans un grand cœur la valeur n'a point d'âge.
Ce qui fait l'homme ou l'enfant sans vertu
C'est l'amour du pays, le joug de l'esclavage.

Entends de toutes parts
La trompette d'alarmes ;
O signal plein de charmes !
Dans mes yeux plus de larmes !
Mon cœur bat... prends mes armes ;
Sois vaillant ; adieu ! pars !
Adieu mes vieilles armes !

Plein d'espoir, j'attends ton retour.
Que ne puis-je dans la carrière,
Au bruit du fer et du tambour,
Guider ton audace guerrière !...
La mort, hélas ! rirait de mes défis !
Irai-je en lâche au feu des embuscades ?
Non ! Mais d'ici j'applaudirai mon fils
En le voyant debout au front des barricades

Entends de toutes parts
La trompette d'alarmes ;
O signal plein de charmes !
Dans mes yeux plus de larmes ,
Mon cœur bat... prends mes armes ;
Sois vaillant : adieu ! pars !
Adieu mes vieilles armes !

Bien ! mon enfant, viens sur mon cœur,
Noble vengeur de la Patrie,
Qui rapportes la croix d'honneur
Au vieillard dont tu tiens la vie.
Mon dernier jour maintenant peut venir,
Il a reçu son baptême de gloire.
O Liberté ! c'est vivre et non mourir,
Que de laisser un nom béni dans ton histoire !

J'entends de toutes parts
Des bruits, des chants de fête !
L'écho partout répète
Des tyrans la défaite.
La victoire est complète !
Rois, sur nos fiers remparts
Osez montrer la tête !

LE CAFÉ FILATURE.

—

Air de la *Lorette*.

Vieilles duègnes
Que quatre règnes
Ont vu fleurir, puis pencher au tombeau,
Bonnes commères,
Saintes grand'mères,
Allez filer au *Café Carnabo*.

Joyeux chanteurs, plus de gaîté bruyante,
Plus de bons mots par le cœur inspirés.
Adieu maison, naguère si riante,
Adieu beaux soins au plaisir consacrés !
  Triste et morose,
  La salle est close;
On entendrait voler un moucheron.
  La lampe fume
  Et se consume
Sans rapporter même un écu tout rond.

Le garçon flâne en attendant pratique.
La porte s'ouvre; entre quelqu'un enfin :
Bière ou café, rhum de la Jamaïque;
Que prenez-vous ?...— Un rouet et du lin.
  Le maître bâille
  Et dit : Canaille !
Vous faudrait-il encore un cure-dents ?
  O République
  Démocratique !
Verrais-tu donc filer tous tes enfants ?

Si j'étais vous, mon cher, mais en nature,
Pardon, Bobo, du conseil amical,
Sur mon enseigne on mettrait : *Filature*,
Au lieu du mot : *Café National*.
  Dieu ! quelle joie,
  Chers vers à soie,
De vous voir tous vous changer en cocons !
  Complet déluge,
  Point de transfuge !
Rois, venez donc filer pour les Bourbons.

Sur cette table où nous fêtions en groupe
Le saint banquet de la Fraternité,
Que reste-t-il ? Un vil paquet d'étoupe.
Puisse-t-il pendre au moins la royauté !
      L'ardente extase
      Qui nous embrase
S'est convertie en vulgaires cancans;
      Et la dépouille
      D'une quenouille
A remplacé nos drapeaux éclatants.

Où sont allés ces passe-temps rapides
Trop innocents pour être respectés ?
Ils ont le sort des passereaux timides
Par le vautour sans procès emportés.
      Si la colombe
      Parfois succombe ,
L'oiseau de proie est-il toujours vainqueur ?
      Sainte espérance,
      Garde la France !
Du feu !... garçon, pour allumer. . mon cœur !

Respect à tous ! C'est histoire de rire
Que mes chansons vous tiennent ces propos.
J'ai bien encor quelque chose à vous dire ,
Mais franchement je ne suis pas dispos.
      O mes bons frères !
      Quelques prières ,
Dans vos loisirs, pour votre chansonnier.
      Bien qu'on le raille,
      Si peu qu'il vaille,
Il ne tient pas à filer le premier.

Vieilles duègnes
Que quatre règnes
Ont vu fleurir, puis pencher au tombeau,
Bonnes commères,
Saintes grand'mères,
Allez filer au *Café Cnrnabo.*

FLEUR SAUVAGE. *

Sur une grève abandonnée,
Oh! bien loin par delà les mers,
La fleur de mon cœur était née;
Les vents hélas! l'ont moissonnée
Avant qu'elle ait vu quinze hivers!
Sur le rivage
Où le flot bleu caressait tes pieds nus,
Les alcyons ne sont plus revenus;
Pauvres oiseaux de toi si bien connus,
Ma fleur sauvage!
Oiseaux et fleurs, je ne vous verrai plus!

Sous le palmier vert et la tente,
Lieux bénis par le souvenir,
Je compte les jours de l'attente,
Le cœur fermé, l'âme flottante,
Entre le passé, l'avenir!

* Voir pour la musique, à la fin de l'ouvrage, n. 15.

Sur le rivage
Où le flot bleu caressait tes pieds nus,
Les alcyons ne sont plus revenus :
Pauvres oiseaux de toi si bien connus,
Ma fleur sauvage!
Oiseaux et fleurs, je ne vous verrai plus !

Ma cavale aux pieds de gazelle
Semble m'interroger pourquoi
Je ne dors plus, penché sur elle,
Et pourquoi son beau cou ruisselle
De mes pleurs qui songent à toi!

Sur le rivage
Où le flot bleu caressait tes pieds nus,
Les alcyons ne sont plus revenus ;
Pauvres oiseaux de toi si bien connus,
Ma fleur sauvage!
Oiseaux et fleurs, je ne vous verrai plus!

Quand la lune vient solitaire
Le long des bois où nous rêvions,
Je la regarde avec mystère,
Comme si toi, fleur de la terre,
Tu te cachais dans ses rayons!

Sur le rivage
Où le flot bleu caressait tes pieds nus,
Les alcyons ne sont plus revenus ;
Pauvres oiseaux de toi si bien connus,
Ma fleur sauvage!
Oiseaux et fleurs, je ne vous verrai plus!

Un jour bien loin de la savane
Je partirai... nul ne saura
Si j'ai fui sur une tartane
Ou suivi quelque caravane
Au fond des déserts de Sahra!

Sur le rivage
Où le flot bleu caressait tes pieds nus,
Les alcyons ne sont plus revenus;
Pauvres oiseaux de toi si bien connus,
Ma fleur sauvage!
Oiseaux et fleurs, je ne vous verrai plus!

MA MAITRESSE. *

Je suis un pauvre diable
Moins gai qu'un oremus,
Et, comme dit la fable,
En guerre avec Plutus;
Mais moi du dieu de la richesse
Je brave l'infidélité.
Hélas! j'ai perdu ma maîtresse
En te perdant, ô Liberté!

J'ai fait bénir un cierge
De roses couronné,

* Vo'r pour la musique, à la fin de l'ouvrage, n. 16.

Pour l'offrir à la Vierge,
Qui n'a rien ramené ;
J'ai fait dire messe sur messe :
Au sermon j'ai même assisté,
Mais Dieu garde argent et maîtresse :
Fiez-vous à la Liberté !

Aux Etats d'Amérique
J'appris qu'on l'exilait ;
J'y courus... mais bernique,
Le diable s'en mêlait.
Ivre de rage et de tendresse,
J'allais... mais du ciel, ô bonté !
Paris s'éveille, et ma maîtresse
Ressuscite à la Liberté.

Chacun sait l'escarmouche
Qu'elle eut à soutenir ;
Mourant, boiteux et louche
On m'en vit revenir ;
Mais, ô comble de ma détresse !
Quand je renais à la clarté,
Il ne restait de ma maîtresse
Que l'ombre de la Liberté.

CHANT DU CAPTIF.

—

Air des Fleurs perdues.

Ainsi que toi, pauvre petit oiseau,
Qui tout le jour chante sous ma fenêtre,
La Liberté fut mon premier berceau;
Pour le bonheur le ciel m'avait fait naître.
Mais le destin, cet oiseleur cruel,
Qui guette au nid l'enfant qui vient d'éclore,
Pour me ravir à l'amour maternel,
Dans ses réseaux m'a pris bien jeune encore.

Ainsi que toi, pauvre petit oiseau,
J'aimais les chants, le soleil, la verdure,
La fleur des bois, l'eau calme du ruisseau,
Tout ce qui chante ou rit dans la nature;
Pour m'envoler vers les pays heureux,
Ainsi que toi, mon âme avait des ailes.
Vain songe, hélas! un voile ténébreux
Dans mon essor s'est refermé sur elles.

Ainsi que toi, pauvre petit oiseau,
Je vois passer avec un œil d'envie
De ma prison, qui sera mon tombeau,
Ceux qu'à l'espoir la Liberté convie.

J'entends au loin l'écho de leurs chansons,
Nomade essaim qui fuira tout à l'heure ;
A ces concerts si nous nous unissons,
C'est notre voix qui chante, et l'âme pleure !

Ainsi que toi, pauvre petit oiseau,
J'ai quelque part un arbre solitaire
Où j'ai laissé, caché sous un rameau,
Un souvenir, un regret, un mystère.
Qui prendra soin de ce que j'ai laissé ?
Oh ! qui viendra m'apporter des nouvelles ?
Peut-être, hélas ! que le vent a passé,
Et le méchant a tout pris sur ses ailes.

Ainsi que toi, pauvre petit oiseau,
Le sort m'a fait céder à l'habitude.
L'homme, ici bas, n'est qu'un faible roseau
Qui plie à tout, même à la solitude.
Puisque lui seul peut la faire changer,
Au souverain de notre destinée,
Confions-nous sur le sol étranger,
Bénissons-la comme il nous l'a donnée.

LE FILS DU ROYALISTE. *

LA MÈRE.

Pourquoi m'interroger? d'un sombre désespoir,
Quand mon cœur agité souffre dans le silence:
C'est un secret fatal! le taire est un devoir:
Mais il viendra le jour où tu dois tout savoir;
Je l'attends, ô mon fils! du courage, espérance!

LE FILS.

Quoique bien jeune d'âge en souffrant j'ai vieilli!
Ce secret vainement, mère, tu me le caches :
J'épiai ta douleur, et sur ton front pâli
J'ai tout lu... Mais, malheur à ceux qui t'ont trahi,
Mon père!... Mort aux rois! Tous les rois sont des lâches!

Refrain.

Vengeance pour { ton père / mon père } et vengeance pour nous!
Par l'astre fraternel du jour qui nous éclaire,
O sainte République, ô notre mère à tous!
Il / Je } jure d'apaiser { les mânes d'un époux. / ses mânes en courroux,
Et dans le cœur des rois de planter ta bannière
Vengeance! aux rois la tombe, à nous la terre entière!

* Voir pour la musique, à la fin de l'ouvrage, n. 17

LA MÈRE.

Plus de mystère alors ; écoute, ô mon enfant :
Des vils tyrans ton père avait pris la défense.
Triste erreur dont l'exil paya le dévoûment !
Il me légua sa haine.... à nous deux maintenant !
J'ai mon cœur, toi ton bras ; du courage, espérance !

LE FILS.

Cette haine, ma mère, en secret, bien souvent,
M'avait parlé des rois, mais tremblante, incertaine ;
Puis un jour, oh ! sa voix retentit fortement
Dans mon âme.... et je crus voir mon père expirant
Qui maudissait les rois en me tendant sa chaîne.

Refrain.

Vengeance pour $\left\{\begin{array}{l}\text{ton père}\\\text{mon père}\end{array}\right\}$ et vengeance pour nous !
Par l'astre fraternel du jour qui nous éclaire,
O sainte République, ô notre mère à tous !
$\left.\begin{array}{l}\text{Il}\\\text{Je}\end{array}\right\}$ jure d'apaiser $\left\{\begin{array}{l}\text{les mânes d'un époux,}\\\text{ses mânes en courroux,}\end{array}\right.$
Et dans le cœur des rois de planter ta bannière.
Vengeance ! aux rois la tombe, à nous la terre entière !

LA MÈRE.

Dieu soit béni, mon fils ! Dieu veillait dans ton cœur,
Puisqu'il a devancé l'heure de la vengeance ;
Il m'a donné la force en m'ôtant le bonheur.
En m'ôtant un époux, il me laisse un vengeur.
Je l'attends, va, mon fils, du courage, espérance !

LE FILS.

A son tour ton regard interroge mes yeux
Pour sonder le secret que j'ai là.... plus d'alarmes !
J'ai quinze ans, toi sur terre, et lui, mon père, aux cieux,
Priez pour votre enfant ; c'est l'heure des adieux.
La sainte République a fait l'appel aux armes.

Refrain.

Vengeance pour { ton père / mon père } et vengeance pour nous !
Par l'astre fraternel du jour qui nous éclaire,
O sainte République, ô notre mère à tous !
Il { Je } jure d'apaiser { les mânes d'un époux, / ses mânes en courroux, }
Et dans le cœur des rois de planter ta bannière.
Vengeance ! aux rois la tombe, à nous la terre entière.

LE DÉPART DU BRETON. *

Je pars, adieu la montagne,
La cabane au sommet noir ;
Adieu les chansons du soir,
Doux souvenirs de Bretagne
Qui font palpiter d'espoir.
Tra la la la la la la la la
Tra la la la la la la la la
Tra la la la la la la la la tra la la la la.

* Voir pour la musique, à la fin de l'ouvrage, n 18.

C'est la loi qui le veut, ma mère,
Prends ton courage et bénis-moi.
Au pied de la croix solitaire
Ce matin j'ai prié pour toi.
A tous les amis du village,
Le cœur gros, j'ai serré la main,
Mère, ici finit ton voyage
Et là commence mon chemin.

Je pars, adieu la montagne,
La cabane au sommet noir;
Adieu les chansons du soir,
Doux souvenirs de Bretagne
Qui font palpiter d'espoir.
Tra la la la la la la la la
Tra la la la la la la la la
Tra la la la la la la la la la tra la la la la.

Pauvre conscrit, plein de courage,
Avec son sac et son bâton,
Il descend le ravin sauvage
Si cher à son cœur de Breton.
Un moment sur la morne grève
Il s'arrête — et vers le taillis
Écoute... en disant : c'est un rêve. .
Je suis soldat, plus de pays.

Je pars, adieu la montagne,
La cabane au sommet noir;
Adieu les chansons du soir,
Doux souvenirs de Bretagne
Qui font palpiter d'espoir.
Tra la la la la la la la la
Tra la la la la la la la la
Tra la la la la la la la la la tra la la la la la.

Deux ans déjà !.. Dans la souffrance
Sa vieille mère attend toujours.
Point de nouvelle ! Et l'espérance
S'évanouissait tous les jours.
Mais on frappe... — Il revient peut-être ?
Elle s'élance... C'était lui :
« La Bretagne n'a plus de maître,
« Mère, je viens mourir ici »

Voilà bien l'âpre montagne,
La cabane au sommet noir,
Les douces chansons du soir,
Et mon beau ciel de Bretagne
Qui fait palpiter d'espoir.
Tra la la là la la la la la
Tra la la la la la la la la
Tra la la la la la la la la tra la la la la la.

MAITRE JACQUOT. *

—

Air de *Maître Corbeau.*

Un jour maître Jacquot, tout fier de son caquet,
S'était fait avocat de simple perroquet.

* Cette critique s'adresse à un de mes anciens amis du départe-
ment de la Marne qui, après avoir été successivement avocat, com-
merçant, maire, etc, finit par n'être rien du tout. Cette note a pour
objet d'éviter un quiproquo que pourrait faire naître certaine analogie.

Par malheur une cause en ses mains s'oublia ;
Lorsqu'il fallut plaider, l'orateur fut *quia*
    Sur l'air du tra la la la ,
    Sur l'air du tra la la la ,
  Sur l'air du tra deri dera , la la la.

La République vint , vite essuyant ses pleurs ,
Il court de rue en rue étaler ses couleurs ;
Aux crédules moineaux , votez , dit-il , pour moi ,
Je serai votre chef , mais vous ferez la loi
    Sur l'air du tra la la la ,
    Sur l'air du tra la la la ,
  Sur l'air du tra deri dera , la la la.

Le voilà magistrat.— Jacquot fait son devoir ,
Hormis quelques abus... Qui n'en fait au pouvoir ?
Mais l'instinct tôt ou tard reprend son action :
Or , la chicane était sa mère-passion
    Sur l'air du tra la la la ,
    Sur l'air du tra la la la ,
  Sur l'air du tra deri dera , la la la.

Quand on parle fort mal , mieux vaut rester muet ,
Jacquot ferma son bec. On comprit qu'il muait.
Mais une humeur jalouse au fond de lui couvait ,
Si bien qu'il en perdait le boire... et son duvet
    Sur l'air du tra la la la ,
    Sur l'air du tra la la la ,
  Sur l'air du tra deri dera , la la la.

En comité secret il déclara fauteurs
Les oiseaux du bocage, harmonieux chanteurs,
Et, prenant à temoins un *merle* et deux *vautours*,
Il leur jura qn'en cage ils finiraient leurs jours
    Sur l'air du tra la la la,
    Sur l'air du tra la la la,
  Sur l'air du tra deri dera, la la la,

On sait que les moineaux ont un esprit taquin;
Ceux-ci rirent au nez de l'emplumé Tarquin.
Tout rouge de colère, il s'emporta, dit-on,
Jusqu'à les menacer de perdre... quoi?... son nom,
    Sur l'air du tra la la la,
    Sur l'air du tra la la la,
  Sur l'air du tra deri dera, la la la.

Chacun de ce procès prévoit le dénoûment :
Les susdits rossignols chantèrent plus gaîment ;
Et Jacquot, regrettant ses efforts superflus,
Promit, quoique un peu tard, qu'on ne l'y prendait plus,
    Sur l'air du tra la la la,
    Sur l'air du tra la la la,
  Sur l'air du tra deri dera, la la la.

L'histoire de Jacquot doit servir de leçon
A qui serait tenté d'agir de sa façon.
Le plus noble métier, c'est d'être homme de bien,
Et de rester obscur quand on n'est propre à rien !
    Sur l'air du tra la la la,
    Sur l'air du tra la la la,
  Sur l'air du tra deri dera, la la la.

L'ENFANT DE SAVOIE. *

Je suis de la Savoie
Un pauvre enfant.
De ville en ville où Dieu m'envoie
Je vais chantant,
Quêtant,
Disant :
Donnez, donnez à l'enfant de Savoie!
Un petit sou bien me fera
Et le bon Dieu vous le rendra.

Pour vous je ferai la prière,
Cœurs bienfaisans qui m'assistez,
Et vos doux noms dans la chaumière
Seront bénis, seront chantés.
Riches mères, pour que vos filles
Fassent fleurir et la gaîté
Et le bonheur dans vos familles,
Enseignez-leur la charité.

Je suis de la Savoie
Un pauvre enfant.
De ville en ville où Dieu m'envoie
Je vais chantant,
Quêtant,
Disant :

* Voir pour la musique, à la fin de l'ouvrage, n. 19

Donnez, donnez à l'enfant de Savoie!
Un petit sou bien me fera
Et le bon Dieu vous le rendra.

Près de vos foyers dont la flamme
Nargue les rigueurs de l'hiver,
Laissez libre un coin, bonne dame,
Pour l'enfant qui n'est pas couvert.
De vos tables aux mêts splendides,
Quand vos désirs n'ont plus besoin,
Laissez tomber dans mes mains vides
Le pain que vous jettez au loin.

Je suis de la Savoie
Un pauvre enfant.
De ville en ville où Dieu m'envoie
Je vais chantant,
Quêtant,
Disant :
Donnez, donnez à l'enfant de Savoie!
Un petit sou bien me fera
Et le bon Dieu vous le rendra.

Il est devers notre montagne
Une ange pauvre qui m'attend,
Que peut-être le chagrin gagne,
Tandis que moi je vais chantant.
Je puis me remettre en voyage,
Car mon sac est plein, Dieu merci !
Et l'espoir soutient mon courage ;
Mère, qu'il te soutienne aussi.

Je suis de la Savoie
Un pauvre enfant.
De ville en ville où Dieu m'envoie
Je vais chantant,
Quêtant,
Disant;
Donnez, donnez à l'enfant de Savoie !
Un petit sou bien me fera
Et le bon Dieu vous le rendra.

LA BLOUSE FRATERNELLE. *

—

DÉDIÉ A FÉLIX PYAT.

Le temps n'est plus des anciens préjugés.
La République a passé sur le code ;
Avec les rois ils sont tous submergés.
Et le sarrau redevient à la mode.
L'habit de drap a déteint sur la peau.
On en a fait débacle universelle.
Et maintenant on lève le chapeau
    Devant la blouse fraternelle.

Ils nous disaient, ces grands de l'univers
Qui du budget pressuraient la mamelle :
Fermez vos yeux, les nôtres sont ouverts.
L'État périt quand le peuple s'en mêle.

* Voir pour la musique, à la fin de l'ouvrage. n. 20.

Le peuple alors n'avait pas de drapeau,
Un haillon blanc le tenait en tutelle ;
Mais à leur tour de lever le chapeau
    Devant la blouse fraternelle.

Ils reviendront, car leurs fils sont vivants,
Crie une voix tant soit peu prophétique.
Rions tout bas de ces bruits décevants,
Dernier soupir du règne despotique.
Barras est là debout dans son tombeau ;
Sur nos remparts le Dieu fait sentinelle !
Bas l'habit noir et levez le chapeau
    Devant la blouse fraternelle !

Pour effacer vingt ans d'iniquité,
Pour mettre à sec un océan de larmes,
Que faut-il, peuple ?— un jour de liberté !
Quand l'aurez-vous ?—quand vous aurez des armes ;
Et plus de loups mêlés dans le troupeau ;
Quand l'égoïsme aura ployé son aile ;
Quand le pouvoir mettra bas le chapeau
    Devant la blouse fraternelle.

Souvenons-nous, frères, souvenons nous
Que Dieu fit l'homme à sa divine image
Pour marcher haut et non sur les genoux,
Pour être libre et non pour l'esclavage.
Relevons-nous tous au même niveau.
Labourons tous la terre maternelle ;
Plus d'insolents qui gardent le chapeau
    Devant la blouse fraternelle !

L'ANGE. *

O mère! quand je dors, un ange aux blanches ailes
Vient au bord de mon lit parfois s'agenouiller;
Ses mains laissent pleuvoir sur moi des fleurs si belles,
Et son front azuré touche mon oreiller.

    Mère, quand je m'éveille
    Avec l'aube vermeille,
    Me dirais-tu pourquoi
    L'ange fuit loin de moi?
    O mère, dis-le moi!

O mère! à mon oreille, il parle comme une âme,
Et je me sens frémir de bonheur à sa voix;
Puis mon regard se perd dans un voile de flamme;
Tout s'efface... mais lui... lui seul je le revois!

    Mère, quand je m'éveille
    Avec l'aube vermeille,
    Me dirais-tu pourquoi
    L'ange fuit loin de moi?
    O mère, dis-le moi!

O mère! ses yeux bleus, sa chevelure blonde,
Son haleine de fleur dont je rêve le jour,

---

* Voir pour la musique, à la fin de l'ouvrage, n. 21.

Et ces rians essors au ciel d'un autre monde...
Qu'est-ce donc, ô ma mère?..—Enfant, c'est de l'amour!
L'amour n'est donc qu'un rêve,
Si quand l'aube se lève,
Mère, il fuit loin de moi?..
Hélas! sais tu pourquoi?
O mère, dis-le moi!

LE BONNET ROUGE. *

De l'Océan vois-tu les flots blanchir ?
Oh! mon enfant, notre barque est perdue!
Ne laisse pas ton courage fléchir ;
Ta voix au loin ne peut être entendue.
Mais à nous deux luttons contre la mort;
Prends cette rame, à moi la voile!
Et souviens-toi, si tu gagnes le bord,
Qu'un bonnet rouge est notre sainte étoile!

Le vent plus fort nous guide vers l'écueil.
Il faut ici nous séparer... courage!
Fends l'onde amère et souris au cercueil.
Mort ou vivant je t'attends au rivage!
Si du péril je reviens seul, vainqueur,
Va! pour consoler ton vieux père
Quelqu'un viendra rapporter au pêcheur
Ton bonnet rouge en disant: Pauvre frère!

* Voir pour la musique, à la fin de l'ouvrage n. 22.

La voix s'éteint; la foudre parle aux flots;
La barque au loin s'égare à la dérive :
Et cependant pour les deux matelots,
Mère, à genoux tu priais sur la rive...
Et le matin quand l'orage eut cessé,
   Au seuil d'un chaume solitaire
Quelques pêcheurs frédonnaient *l'in pace* :
Le bonnet rouge incliné vers la terre.

TES YEUX BLEUS. *

J'ai vu le beau ciel de Marseille
Par un soir du plus riche été,
Promener sur la mer vermeille
Sa molle et rêveuse clarté ;
Mais je n'ai pas vu, ma reine,
Une étoile aussi sereine
    Que tes yeux,
    Que tes yeux,
Que tes grands yeux bleus.

J'ai vu Grenade l'espagnole
Et ses filles du paradis,
Dont un regard rend l'âme folle,
L'âme des rois ou des bandits ;

7

Mais je n'ai pas vu, ma belle,
Dans leurs yeux une étincelle
De tes yeux.
De tes yeux,
De tes grands yeux bleus.

J'ai vu Venise la coquette
Avec son soleil d'Orient,
Et son lac dont nulle tempête
Ne va troubler le front riant;
Mais je n'ai vu, je te jure,
Aucune image aussi pure
Que tes yeux,
Que tes yeux,
Que tes grands yeux bleus.

LE CHANT DU VAR.*

—

MARCHE RÉPUBLICAINE.

—

A LEDRU-ROLLIN.

Conquérants de la Liberté,
Enfants que la valeur fait hommes,
Vieillards dont le sang-froid, soudain ressuscité,

* Voir pour la musique, à la fin de l'ouvrage. p. 21.

Se réchauffe au soleil de la Fraternité,
    Nous tous, d'esclaves que nous sommes
Régnons à notre tour, mais par l'Égalité.

Aux armes! soyons tous soldats pour notre mère!
France, en ouvrant la marche aux peuples de la terre,
De tes généreux flancs fais sortir les vainqueurs.
Patrie et Liberté soit le cri de nos cœurs!

    A des Français ravir leurs droits!..
    A nos pieds fixer des entraves!
A nos fronts mettre un joug!... Ils l'ont osé, ces rois,
Ces tyrans à l'œil sec, ces bourreaux aux cœurs froids!
    Et pourtant nous étions tous braves!
Mais jurons par le Christ qu'ils porteront sa croix.

Aux armes! soyons tous soldats pour notre mère;
France, en ouvrant la marche aux peuples de la terre,
De tes généreux flancs fais sortir les vainqueurs.
Patrie et Liberté soit le cri de nos cœurs!

    Déjà, quittant pour le canon
    Le soc de son humble charrue,.
Le laboureur, soldat, s'arrache au cabanon;
Son vieux père le suit. Verse-t-il des pleurs?—Non!
    Quand l'heure de gloire est venue
Un Français qui faiblit déshonore son nom!

Aux armes! soyons tous soldats pour notre mère;
France, en ouvrant la marche aux peuples de la terre;
De tes généreux flancs fais sortir les vainqueurs.
Patrie et Liberté soit le cri de nos cœurs!

L'hymne sacré de la valeur
Réveille l'écho du vieux monde.
Rome antique se lève et demande à sa sœur
Où sont les rejetons de Brutus, son vengeur...
Et du sein de sa nuit profonde
Implore dans nos rangs un nouveau rédempteur !

Aux armes ! soyons tous soldats pour notre mère ;
France, en ouvrant la marche aux peuples de la terre,
De tes généreux flancs fais sortir les vainqueurs.
Patrie et Liberté soit le cri de nos cœurs !

La haine enfante des guerriers
Sous les fers de la tyrannie.
Les vrais Républicains se comptent par milliers
Les braves, les voilà ! Pensifs dans leurs foyers,
Ils attendent que la Patrie
Forme leurs bataillons, pour mourir les premiers !

Aux armes ! soyons tous soldats pour notre mère ;
France, en ouvrant la marche aux peuples de la terre,
De tes généreux flancs fais sortir les vainqueurs.
Patrie et Liberté soit le cri de nos cœurs !

Reviendront-ils auprès de nous,
Disent une épouse, une mère,
Notre espoir, notre orgueil, nos fils et nos époux ?
Femmes de Sparte, eh bien ! nos modèles, c'est vous !
Si leur sang abreuve la terre,
Nos bras iront chercher un destin aussi doux !

Aux armes ! soyons tous soldats pour notre mère ;
France, en ouvrant la marche aux peuples de la terre,
De tes généreux flancs fais sortir les vainqueurs.
Patrie et Liberté soit le cri de nos cœurs !

Périssent donc dès aujourd'hui
Ces cœurs impurs et fratricides,
Ces fléaux que l'enfer trouve indignes de lui !
Par ce trône, tombeau dont le spectre est enfui,
Jurons tous de prendre pour guides
Ces drapeaux fraternels où notre aurore a lui !

Aux armes ! soyons tous soldats pour notre mère ;
France, en ouvrant la marche aux peuples de la terre,
De tes généreux flancs fais sortir les vainqueurs.
Patrie et Liberté soit le cri de nos cœurs !

PIETRO. *

C'est moi qui suis Piétro
Le pêcheur qu'on renomme :
Et plus d'un gentilhomme
    Page de roi,
    Voudrait, ma foi,
S'appeler Piétro comme
Le roi de mon bateau,
Oui, comme le roi,
Le roi de mon bateau.

Le matin, quand la mer est blonde,
Quand la brise vient d'un ciel clair,

* Voir pour la musique, à la fin de l'ouvrage, n. 25.

J'abandonne en chantant sur l'onde
Ma voile aux caresses de l'air,
 Et nargue de l'orage,
 Je me dis : Le Seigneur
 Guide au port sans naufrage
 La barque du pêcheur.

 C'est moi qui suis Piétro
 Le pêcheur qu'on renomme ;
 Et plus d'un gentilhomme
  Page de roi,
  Voudrait, ma foi.
 S'appeler Piétro comme
 Le roi de mon bateau,
 Oui, comme le roi,
 Le roi de mon bateau.

Le soir, lorsque la mer est brune,
Gentille dame de la cour,
Souvent par un beau clair de lune
Me paie en doux regards d'amour,
 Pour poser dans ma barque
 Son joli pied menu :
 Car qui sache un monarque
 Pour valoir son œil nu.

 C'est moi qui suis Piétro
 Le pêcheur qu'on renomme ;
 Et plus d'un gentilhomme
  Page de roi,
  Voudrait, ma foi,
 S'appeler Piétro comme

Le roi de mon bateau,
Oui, comme le roi,
Le roi de mon bateau.

La nuit, quand la mer devient sombre
Et murmure au bas de la tour,
C'est moi que l'on entend dans l'ombre
Ramer et chanter tour à tour.
    Car, vienne la tempête,
    Toujours calme et serein,
    Au loin Piétro répète
    Son fidèle refrain :

C'est moi qui suis Piétro
Le pêcheur qu'on renomme ;
Et plus d'un gentilhomme
    Page de roi,
    Voudrait, ma foi,
S'appeler Piétro comme
Le roi de mon bateau,
Oui, comme le roi,
Le roi de mon bateau.

LA CRÉOLE. *

Jeune étranger, demeure
En nos climats si doux,
Je t'aime depuis l'heure

* Voir pour la musique, à la fin de l'ouvrage. n. 26.

Où tu vins parmi nous,
Pleurant, comme je pleure,
    A deux genoux!

Ta voix était amère
Comme aujourd'hui ma voix,
Quand je t'appelai frère
Pour la première fois,
Sous l'ombre hospitalière
    Du toit de bois.

Dans le pays de France
Que rêve encor ton cœur,
On dit que l'Espérance
Est un songe menteur;
Ici point de souffrance....
    C'est le bonheur!

Si ton âme inconstante,
Derrière l'horizon
Cherche une femme absente,
J'aurai son cœur, son nom,
De sa voix caressante
    L'âme et le son.

Je te parlerai d'elle
La nuit, du jour au soir;
Et je serai si belle
Que tu croiras revoir
Son image fidèle
    Dans mon œil noir.

Mais ta main fuit la mienne
Et ton regard le mien.
Adieu! l'aube revienne,
Et je dormirai bien;
Là-bas, qu'il t'en souvienne,
Maudit chrétien !

LE VIEUX TEMPS.

—

A ALP. ESQUIROS.

C'était alors les beaux jours; tous les frères
Au grand soleil se chauffaient en commun.
Point de degrés, ni de lois arbitraires,
Et comme Dieu l'homme ensemble était un.
La Liberté grandissait sans alarmes ,
Le pied sur terre et le front dans les cieux.
Arbre sacré, reverdis sous nos larmes,
Nous avons soif de tes fruits glorieux !

C'était alors de sublimes doctrines
Que la Nature enseignait simplement,
Et de grands cœurs dans de nobles poitrines
Qui répondaient à son enseignement.
La terre ouvrait sa mamelle féconde
A tous ses fils exempts d'ambition ;
Quand le progrès jaloux de l'ancien monde
Au fer sanglant livra son pur sillon

C'était alors de vénérables têtes
Que la famille avait à son sommet ;
Point de tribuns, audacieux prophètes,
Qui s'érigeaient en Christ ou Mahomet.
C'était bien là des leçons solennelles
Que le passé donnait à l'avenir !
Si Dieu rouvrait leurs tombes éternelles,
Nos bons aïeux voudraient-ils revenir !

Ce temps n'est plus ; mais son pieux fantôme
Vient visiter les hommes d'aujourd'hui.
La bonne foi l'accueille sous le chaume ;
Dans les palais l'orgueil se rit de lui ;
Mais Jehovah souffle sur la poussière :
Gare aux palais ! un déluge est voté,
Et, nouvelle arche, une simple chaumière
Doit dans ses flancs sauver l'humanité !

J'attends ce jour avec impatience,
Cher Esquiros, pour te serrer la main :
Le cœur est frère... hélas ! mais la science
Entre nous deux met tout le genre humain.
Que lentement— à mon gré— le flot marche !
Puissant Neptune, agite ton trident.
Le peuple souffre, et, l'œil tendu vers l'arche,
Ne voit passer que brume à l'Occident.

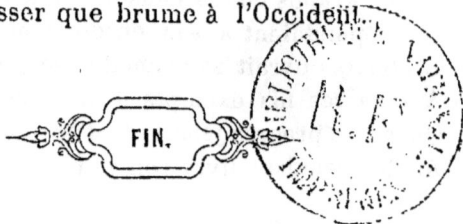

FIN.

TABLE.

TABLE.

LA VOIX DE DIEU.

Temps de marche avec expres?n

N.

Bien triste hé_las, est le temps ou nous

sommes chacun le dit, la faute est a chacun. Dieu nous ré_

pond: je fis libres les hommes; rompez vos

fers et ne soyez plus qu'un. la république émane de ma

source, sous mon regard el_le guide vos pas . la royau_

té vous demande la bourse, or choisis_sez, mais

ne vous plaignez pas. la royau_té vous demande la

ad_libitum.

bourse, or choisis_sez, mais ne vous plaignez pas.

LA LIBERTÉ AU DÉSERT.

(Refrain) Andantino.

N.° 2.

Que parles tu de France? dans nos dé-

serts je suis bien mieux! ton beau ciel d'es _ pé _

rance, pauvre esclave de France, n'a-t-il que

des regards joy _ eux? res _ te au désert on est bien mieux,

Couplet.

Ils t'ont chas _ sé dis tu de ta pa _ tri _ e, ils t'ont je-

té sur un na _ vire errant jouet des flots une vague atten_

dri _ e t'a sur nos bords laissé seul et mou _ rant;

depuis le jour où tu vins sur nos pla _ ges, as tu trou_

vé parmi nous des cœurs froids? notre horizon, nos savanes sau_

va _ ges, tout t'appar _ tient. point de fers point de rois.

ENFANS D'ADAM.

Tempo di marcia Moderato.

Nº 3.

Enfans d'Adam fa_mil_le . dé . su_

ni_e qui de la nuit in_vo_quez les faux

Dieux, le_vez vos fronts tout pâ_les d'insom_

nie, voi_ci le jour ou_vrez, ouvrez vos

yeux. le monde souffre il s'agite il se noie

mais du vaisseau de la so_ci_è_té un mât sau_

vé flotte encore. et dé_ploie le pa_vil_lon de la

fra_ter_ni_té. un mât sau_vé flotte encore et dé_

rall:

ploie le pa_vil_lon de la fraterni_té.

LES FLEURS PERDUES.

Allo moderato.

No 4.

Ain-si que toi pauvre pe-ti-te fleur éclose un soir au fond de la val-lé-e, le vent d'ex-il a ber-cé ma dou-leur l'ombre a mû-ri mon enfance iso-lé-e, loin des re-gards j'ai grandi sans a-mour nul n'eut sou-ci des parfums de mon â-me, mon cœur pour-tant eût pa-yé de re-tour un tendre a-veu par un aveu de flam-me, mon cœur pourtant eût payé de re-tour un tendre a-veu par un aveu de flam-me.

ADIEU.

Allº Modº Risoluto.

Nº 5.

Qu'on me don_ne mes har_des,

mes chan_sons, mon_ta_gnar_des

et mon sti_ _let d'ai_rain

le geô_ _lier m'ap_pel_le,

c'est l'heu_re so_len_nel_le

rall:
où j'a_mi_tié fi_dè_le

rall:
doit se ser_rer la main.

LE CHOLÉRA.

Andante maestoso.

Nº 6.

En _ fans, si l'a _ veu _ gle for _ tu _ ne à

votre berceau s'a _ bat _ tit son _ gez que Dieu fit l'in _ for _

tu _ ne pour que votre â _ me y com _ pa _ ît. Le pa _

lais doit à la chau _ mière l'or qui vient de son pain vo _

lé, rendez c'est la dette der _ nière qui des cieux

vous ferme la clé, prenez y garde, prenez y

garde quand l'un d'entre vous bronche _ ra, je vous re _

garde, je vous re _ garde enfans craignez le cholé _ ra.

LES HIRONDELLES.

Andante con tristezza.

N.º 7.

Fu - yez hi - ron - del - les, nos

-bords in - fi - dè - les; al - lez chanter ail-

lieurs. de vos sœurs de France, gar - dez souve-

nance; es - poir aux jours meil - leurs.

Couplet.

Vous reverrez le ciel de la pa - tri - e, et plus riant

et plus pur qu'aujourd'hui; les bois plus verts

la monta - gne fleu - ri - e. a - près l'ex - il

l'escla - va - ge et l'en - nui. vous re - ver - rez bientôt peut

être, oiseaux charmants les chastes nids, où l'a - mour vous

a - vait fait naî - tre, pour être heureux pour être u - nis Fu -

LE PÊCHEUR D'ETRETAT.

Allegro. (avec entrain)

N.º 8.

Piè _ tro, je crois qu'à notre ex _ em _ ple, sur

no _ tre beau lac d'E _ tre _ tat. les

faî _ bles ont fait cause en _ sem _ ble pour

con _ som _ mer un coup d'è _ tat; les

a _ blet _ tes ont fait di _ vor _ ce a _

vec le gros pois _ son roy _ al; pas

un pe _ tit n'a pris l'a _ mor _ ce, et

mon fi _ let pè _ se un quin _ tal.

comme la bri_se é_tait fraî __ che,

long_tems il m'en sou_vien _ dra, ja_

mais, de_puis que je pê _ _ che,

par le saint qui m'ins_pi _ ra;

je ne vis pa_reil_le pê_ che,

rall:
Dieu la bel_le pê_che, que nous fî_mes

là. tra la la tra la la la la latra la la trala

la la la latrala la tra la la la lalatra la la lala la.

LE BANNI.

Andante affectuosamente.

N.º 9.

Ô ma_do_ne ché _ ri __ e!

sois propice au ban _ ni; que l'es_

poir lui sou_ri_e de re _ voir sa pa_

tri_e et no_tre ciel bé_ni.

Sur le lac de Sor_ren_te, pê_

cheur t'en souvient il? un jour ta bar_que er_

ran_te me portait dans l'ex_il. ta

fille enfant en co_re, jou_ait a_vec les flots, et dans

l'é_ cho so_no_re tous bas chan_tait ces mots

LA CHASSE AUX LOUPS.

N°. 10.

Le jour ne bril - le pas en -

cor, vail - lants chas - seurs par - tez bien ;

vi - te, en - ten - dez vous le son du

cor? il vous in - vi - te à tra -

quer les loups dans leur gî - - te; guerre

guerre a ces en - ne - mis; partons a - mis, partons a -

mis. Point de quar - tiers, fouil - lons ra -

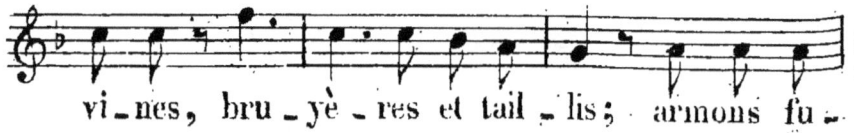

vi_nes, bru_yè_res et tail_lis; armons fu_

sils et ca_ra_bi_nes pour la paix du pa_

ys pur_geons la plai_ne et la mon_

ta_gne, jus_qu'à de_main bat_tons cam_

pagne, et mettons les tous ces har_dis fi_

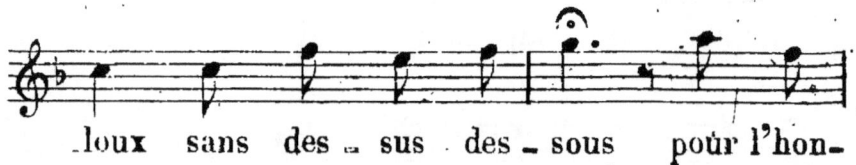

_loux sans des_sus des_sous pour l'hon_

neur de no_tre mon_ta_gne. le

FLEUR DU CIEL.

Moderato.

N.º 11.

Fleur du ciel, ô ri _ che é _

toi _ le, qui me fais rê _ ver d'a _ mour, quand la

lu _ ne é _ tend son voi _ le sur le pâ _ le front du

jour, moi, pauvre enfant de la ter _ re, si ton

cœur m'aimait un peu, par ton re _ gard qui m'é _

clai _ re, je se _ rai jaloux de Dieu. par ton

regard qui m'é _ claire, je se _ rai jaloux de Dieu.

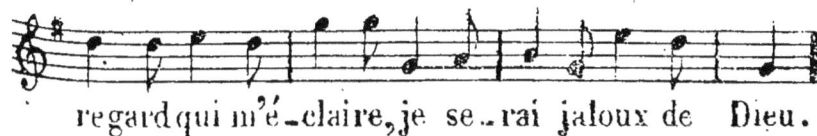

(Nota) La musique de cette romance appartient à M.ʳ Aug.ᵗᵉ Delestrée

PHILIPPE MENDIANT.

N.° 2.

La chari - té pour un pau . vre vieil

hom - - me... qui n'a ni sou ni cré..

dit i - ci bas.... et pas moy-

en de dor - mir un bon som - me

pour n'è - tre pas té - moin de leurs é -

bals! car à Pa - ris l'on se

tue on pour _ chas _ se philippe et

_ sa clique oh. pour ça rien de mieux;

moi je n'em _ porte, hé _ las! que ma be _

sa _ ce! Dieu vous as _ sis _ te; on

vous con _ nait mon vieux. moi je n'em _

porte hé _ las! que ma be _ sa _ ce!

Dieu vous as _ siste; on vous connait mon preux

EGLANTINE.

Allegretto.

N.º 13.

J'ai_me u _ ne sim _ ple fleur,

qui croît sur la col _ li _ ne,

tout près de ma chau _ mi _ ne

et tout près de mon coeur;

on la nom_me E _ glan _ ti _ ne,

rall: Audante.

moi, je lui dis ma soeur. Ja _ _

mais, non ja_mais sur la ter _ re, trésor d'a_

mour et de bon_té n'eût la dou_ceur et la beau_

té de ma fleur, de ma

fleur sau _ va _ _ ge et so _ li _ tai _ re.

UNE CROIX GAGNÉE.

Andante maestoso e expres:

N.º 14.

Si _ tôt par _ tir, mon fils, pour _

quoi n'at _ ten _ dre pas que ton cou _

ra _ _ ge grandisse en _ co _ re au _ près de

moi, viel _ lard a _ bat _ _ tu par l'o _

ra _ _ ge? mais tu le veux, a _ dieu. souviens toi

bien de ma le _ çon, peut ê _ tre la der _

*

niè_re, pour que ton sang res_te di _ gne du

mien, vis pour la répu_blique et meurs sous sa ban_

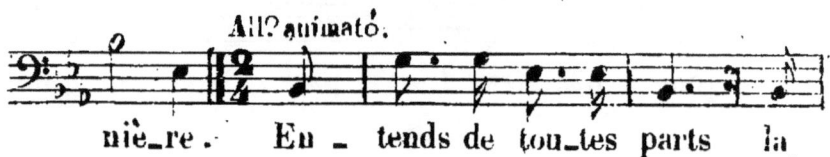

Allo animato.

niè_re. En _ tends de tou_tes parts la

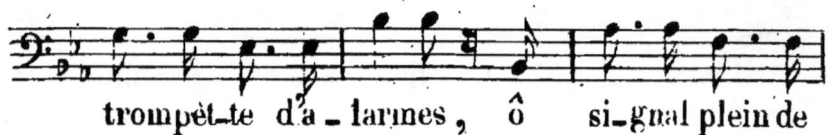

trompet_te d'a _ larmes, ô si_gnal plein de

charmes! dans mes yeux plus de larmes, mon

cœur bat, prends mes armes, sois vail _ lant, adieu!

rallendo _ _ _ _ _ _ _ _ _ _

pars! a_dieu! mes vieilles ar _ mes!

FLEUR SAUVAGE.

Largo e sostenuto.

N.º 15.

Sur u _ ne grè _ ve a _ ban _ don _
né _ e, oh! bien loin par de la les
mèrs, la fleur de mon cœur é _ tait
né _ e, les vents hé _ las! l'ont mois _ son _
né _ e, a _ vant qu'elle ait vu quinze hi _
vers. Sur le ri _ vage où le flot
bleu ca _ res _ sait tes pieds nus, _ les Al _ cy _
ons ne sont plus re _ ve _ nus, pau _ vres oi _
seaux de toi si bien con _ nus, ma fleur sau _
vage! oi _ seaux et fleurs, je ne vous verrai plus.

MA MAÎTRESSE.

Allegretto.

N⁰ 16.

Je suis un pau_vre dia_ble moins

gai qu'un o_re_mus et, com_me dit la

fa_ble, en guerre a_vec Plu_tus. mais moi du

Dieu de la ri_chesse je brave l'in_fi_dé_li_

té, en te per_dant ô ma maî_tresse; je t'ai per_

du o li_ber_té! en te per_dant ô ma maî_

tresse. je t'ai per_du o li_ber_té!

LE FILS DU ROYALISTE.

LA MÈRE. Andante agitato.

Nº 17.

Pour_ quoi m'in_ter_ro_ ger   d'un

... som _ bre dé_ses_poir. quand mon cœur a _ gi _

té   souffre dans le si _ len_ce?   c'est

un   se_cret fa _ tal, le taire est mon de_

voir, mais il viendra le   jour ou tu dois tout sa_

voir.   Je l'at_tends, ô mon fils! du cou_

LE FILS.

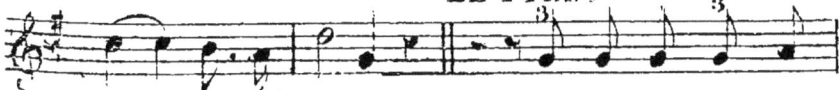

rage, es_pé_rance!   Quoique bien jeu _ne

d'â-ge en souffrant j'ai vieil-li; ce secret vaine-

ment, mère, tu me le caches. j'é-pi-ai ta dou-

leur, et sur ton front pâ - li, j'ai tout lu mais mal-

heur à ceux qui t'ont tra - hi, mon

pè-re, mort aux rois tous les rois sont des lâches.

LA MÈRE.

Ven - geau - - - ce pour son

LE FILS.

Ven-

pè - - re et ven - geau - - - ce pour
gean - ce pour mon pè - re et
nous. par l'as - tre fra - ter -
ven - geance pour nous! par l'as - tre fra - ter -
nel du jour qui nous é - claire! ô
nel du jour qui nous é - claire! ô
sain - te ré - pu - blique! ô no - tre mère à
sain - te ré - pu - blique! ô no - tre mère à

tous. Il ju — — re d'ap-pai- ser

tous.   Je ju — re

ses mâ — nes d'un é — poux.

d'ap — pai — ser   ses mâ—nes.en.cour—

et dans le coeur des rois de

roux, et dans le coeur des rois de

plan — ter sa ban — niè — re! ven —

plan — ter ta ban — niè — re!

geance!aux rois la tombe, à nous la terre en...

ven _ geance! ven _

tiè _ _ re! ven _ geau _ _ ce!aux rois la

geance! ven _ geau _ _ ce!aux rois la

tombe, à nous la terre en _ tiè _ re!

tombe, à nous la terre en _ tiè _ re!

LE DÉPART DU BRETON.

Allegro

N.º 18.

Je pars, adieu la mon-tague, la ca-

ba-ne au sommet noir; a-dieu les chansons du

soir, doux sou-ve-nirs de bre-ta-gne qui

fait pal-pi-ter d'es-poir! tra la la la la la

la la la tra la la la la la la la la tra

la la la la la la la la tra la la la la la.

un peu plus lent.

Pauvre cons_crit plein de cou _ ra_ge, a _ vec son

sac et son ba _ ton, il descend le ra_vin sau_

va_ge si cher à son cœur de bre_ton, un instant

sur la mor_ne grève il s'arrete et vers le tail_

rall: _ _ _ _ _ _ _ _ _ _ _ _ _

lis é_coute en di _ _ sant c'est un

rê_ve je suis sol _ dat plus de pa _ ys. Je

L'ENFANT DE SAVOIE.

Allegretto.

N.º 19.

Je suis de la Sa _ voie un

pauvre en _ fant, de ville en ville ou Dieu m'en_

voie, je vais quê_tant, chan_tant, di_

sant: donnez don _ nez à l'enfant de Sa_

voie, un pe_tit sou bien me fe _ ra et le bon

un peu plus lent.

Dieu vous le ren_dra. Pour vous je fe_rai

la pri _ è _ re, coeurs bien_fai_sants qui

mas_sis _ _ tez, et vos doux noms dans

la chau_miè_re se_ ront bé _ nis se_

ront chan _ tés. Ri_ches mères pour que vos

fil _ les fas_sent fleu_rir et la gai_té et le bon_

heur dans vos fa_ milles en_ seignez leur la cha_ri_té.

LA BLOUSE FRATERNELLE.

N⁰ 20.

Le temps n'est plus des an _ ciens pré _ ju _

gés : la Ré _ pu _ blique a pas _ sé sur les

co _ des ; a _ vec les rois ils sont tous subiner _

gés, et le sar _ reau re _ de _ vient à la

mo _ de ; l'habit de drap a déteint sur la

peau, on en a fait dé _ ba _ cle u _ ni _ ver _

sel _ le, et main _ te _ nant on lè _ ve le cha _

peau de _ vant la blou _ se fra _ ter _

nel _ _ le, et mainte _ nant on lè _ ve le cha _

peau devant la blou _ se fra _ ter _ nel _ le

L'ANGE.

Andante expressivo.

N.º 24.

O mè _ re, quand je dors un
ange aux blanches ai _ les vient au bord de mon
lit par _ fois s'a _ ge_nouil _ ler; sa
main lais_se pleu _ voir sur moi des fleurs plus
bel _ _ les et son front a _ zu _ ré tou_
che mon o_reil _ ler Mè_ re quand je m'é_
veil _ le a _ vec l'au_be ver_meil _ le
me di_rais-tu pourquoi l'an_ge fuit loin de
moi o mè re, mè re dis-le moi.

LE BONNET ROUGE.

Nº 22

De l'O-cé - an vois-tu les flots blan-

be.

chir? Oh mon en - fant! no - tre barque est per-

du - e, ne lais-se pas ton cou-ra-ge flé-

chir: ta voix au loin ne peut être en-ten-

du - e; mais à nous deux lut-tons con-tre la

mort; prends cet - te ra - me à moi la

voi - le et souviens-toi, si tu gagnes le

port, qu'un bonnet rouge est notre sainte é-

toi - le, et souviens - toi, si tu ga-gnes le

rall: ad-libitum.

port, qu'un bonnet rouge est notre sainte é - toi - le.

TES YEUX BLEUS.

Allegro.

N.º 23

J'ai vu le beau ciel de Mar-

seil — — le, par un soir du plus riche é-

té, pro-me-nant sur la mer ver-

meil-le sa mol-leet re-veuse clar-té; mais je

n'ai pas vu, ma rei-ne, une é-toile au-si se-

rei-ne que tes yeux, que tes yeux, que tes

grands yeux bleus, que tes yeux, que tes

yeux, que tes grands yeux bleus!

(Nota) La musique de cette romance n'est pas de M.ᵣ Bonfils

LE CHANT DU VAR.

Tempo di marcia.

N.º 24

Conqué_rants de la li_ber_té, en_fants que la gloi_re fait hom _ mes; vieil_lards dont le sang froid sou_dain res_sus_ci_té se ré _ _chauffe au so_leil de la fra_ter_ni_té. nous_tous d'es_cla_ves que nous som _ mes nous tous d'es_cla_ves que nous som _ mes, soy ons   à no_tre tour rois par l'é_ga_li_

té.   aux ar _ _ mes soy_ons

tous sol_dats pour no _ tre mè _ re!

France en ouvrant la marche aux peuples de la

ter _ _ re, de tes gé _ _ né_reux

flancs, fais sor_tir les vain_queurs. pa_

trie et li _ ber _ té, pa_

trie et li_ber_té, c'est le cri de nos cœurs!

PIÈTRO.

Allegro.

N.º 25

C'est moi qui suis Piè _ tro   le pê-

cheur qu'on re _ nom _ me   et   plus d'un gen_til-

homme pa _ ge de roi   vou_drait ma foi   s'ap-

pe _ ler Piè_tro com _ me   le   roi de mon ba-

teau   s'ap _ pe _ ler Piè_tro com_me le

roi   de mon ba _ teau.   Le ma-

tin quand la mer est blon _ de quand la

bri _ se vient d'un ciel clair j'a _ ban_

donne en chan_tant sur l'on_de ma

voile aux ca _ res _ ses du vent et

nar_gue de l'o _ ra _ ge je me dis le sei.

gneur guide au port sans nau_

fra _ ge la bar _ que du pê_cheur. c'est

LA CRÉOLE.

Andante expressivo.

N° 26

Jeu - ne étranger, de - meu - re

en nos cli - mats si doux ;

je t'ai - me de - puis l'heu - re

ou tu vins par - mi nous,

pleu - rant ! com - me je pleu - re,

à deux ge - - noux.

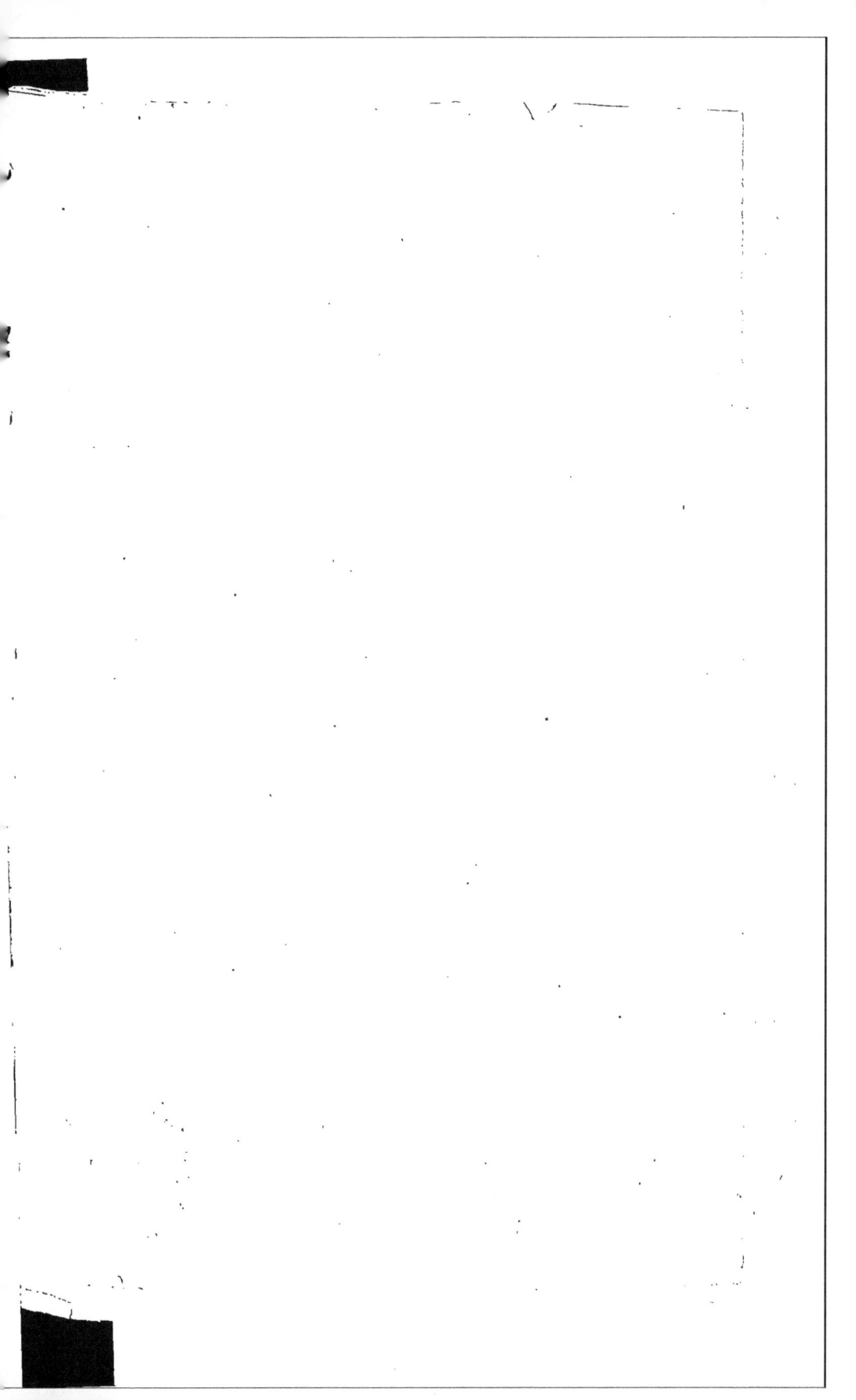

www.ingramcontent.com/pod-product-compliance
Lightning Source LLC
Chambersburg PA
CBHW071757090426
42737CB00012B/1847